© 2020 by Marcus Borchel

1. Auflage

Umschlaggestaltung, Illustration: Sean Manning, edited by Marcus Borchel
Verlag und Druck: tredition GmbH, Halenreie 40-44, 22359 Hamburg

ISBN Taschenbuch: 978-3-347-18010-9
ISBN Hardcover: 978-3-347-18011-6
ISBN e-Book: 978-3-347-18012-3

Bibliografische Information der Deutschen Nationalbibliothek:
Die Deutsche Nationalbibliothek verzeichnet diese Publikation in der Deutschen Nationalbibliografie; detaillierte bibliografische Daten sind im Internet über http://dnb.d-nb.de abrufbar.

Für meine Eltern.
Für meine Schwester.

Für Chani.
Für Alex.

Marcus Borchel

Lisa & Eliaz

Gedichte und Essays

Einleitung

Einleitung

Der nun folgende Text ist in erster Linie für diejenigen unter Ihnen verfasst worden, die davon überzeugt sind, ein Buch müsse unbedingt so etwas wie ein Vorwort enthalten.

Wer jedoch davon überzeugt ist, die in jedem Vorwort vorhandenen, mehr oder weniger nützlichen Informationen, nicht zu benötigen, kann die folgenden Seiten natürlich getrost überblättern, ohne deshalb gleich ein herausragendes literarisches Meisterwerk zu verpassen.

Vorworte sind nun einmal einfach Vorworte. Mann kann sie lesen. Muss man aber nicht. Sie sind, wenn man es genau nimmt, alles andere als eine Pflichtlektüre.

Nichtsdestotrotz, enthalten viele Vorworte etwas, das man im Allgemeinen als Erläuterungen bezeichnet und sich zumeist auf die Haupttexte im Buch bezieht.

Auch dieses Vorwort, welches Sie in diesem Augenblick lesen, stellt keine Ausnahme dar. Allerdings enthält es keine geordneten Erläuterungen zu den einzelnen Gedichten und Essays in diesem Band, sondern eher allgemein gehaltene Erklärungen, die nicht wirklich von großer Wichtigkeit sind, sondern lediglich Randinformationen darstellen.

Zunächst einmal stellen wir fest, dass es für einen Autor oft besonders befreiend wirkt, sich in Versform auszudrücken. Mit Gedichten kann man in wenigen Worten viel sagen. Oder aber, man kann in vielen Worten wenig sagen, so wie es Friedrich Schiller in seinem *Lied von der Glocke* getan hat.

Ein Joseph von Eichendorff hat in seinen Werken den Drang nach Freiheit und die Sehnsucht nach Liebe und Leidenschaft ungezügelt zu Papier gebracht, häufig in wenigen Worten, verpackt in gefühlvolle Gedichte, ein anderes Mal in Form seiner Novellen *Aus dem Leben eines Taugenichts* und *Das Marmorbild.*

Das vorliegende Buch enthält Werke von recht unterschiedlicher Machart, die auch alle zu recht unterschiedlichen Zeiten innerhalb der letzten vier Jahre entstanden sind.

Vieles von all dem Zeug, welches mir durch den Kopf ging, schlug sich in Form von Gedichten nieder. Manche davon sind romantisch, einige ein wenig skurril.

Unheimliches und Heiteres wechselt sich ab oder gibt sich in mehr oder weniger wohlwollender Vereinigung die Klinke in die Hand. Sanftes Dahinplätschern im Wechselspiel mit mehr oder minder gewagten Wortspielen, dessen Klang entweder schnell verstummt, oder aber noch lange nachhallt.

Früher habe ich es immer versucht, politischen Kommentaren so weit es geht aus dem Weg zu gehen. Wie sie anhand mancher Essays jedoch feststellen können, ist mir dies nicht immer gelungen. Hinzu kommt, dass ich in heutigen Tagen dann doch sehr am politischen Tagesgeschehen interessiert bin.

Ob meine Kompetenz in dieser Sache gut oder auch nur ausreichend ist, vermag ich nicht zu sagen. So mancher Text ist dann auch mit der Absicht einer bewussten Provokation verfasst worden. Ein Autor, der provoziert, möchte in deutlichen Worten auf etwas hinweisen.

Sicherlich gibt es viele Leute, die nun sagen mögen, es sei nicht richtig, die eigene Sicht der Dinge derart offensichtlich zur Schau zu stellen. Ein geschriebener Text habe nach Auffassung der Leute, die eben dies sagen, in Aussage und Ausdrucksweise um ein Vielfaches neutraler zu klingen.

Doch die Leute, die eben dies sagen, sind einem gewaltigen Irrtum erlegen.

Sonst hätte ich bestimmte Texte nicht so geschrieben, wie ich sie geschrieben habe. Als Staatsbeamter ist man zu Neutralität verpflichtet. Als Autor jedoch nicht. Neutralität kann für den Verfasser eines Essays eine starke Einschränkung bedeuten.

Ich habe weitgehend versucht, mich nicht lediglich in Form beschränkter Schwarzweißmalerei auszulassen und ich denke, dass ich damit einigermaßen erfolgreich gewesen bin. Zwischentöne sicher zu treffen ist allerdings nicht immer leicht.

Gerade wenn es um Kunst geht, sind Bewertungen oft subjektiv. Was den Einen anspricht, stößt den Anderen möglicherweise ab. Und gerade dadurch entsteht eine Vielfalt, die ich selbst ganz außerordentlich zu schätzen weiß.

Ich sehe Polemik als ein Stilmittel der Provokation, nicht als ein Ärgernis. Es ist doch so: Für jede Sichtweise lässt sich ein Gegenargument finden, man muss nur manchmal lange danach suchen. Nichts was je geschrieben wurde und noch geschrieben wird, ist auch nur annähernd wasserdicht gegen kritische Einwände.

Es sei denn, man schränkt sich in seiner Art zu schreiben derart ein, dass einem zwangsläufig die Freude daran vergeht. Außerdem müsste man in diesem Fall zugunsten der Kritik die persönliche Meinung hinterfragen, sich für das, was man schreibt, quasi rechtfertigen.

Als Autor sollte man sich niemals rechtfertigen! Die Texte, die dabei herauskommen würden, wären in jedem Fall ziemlich schlecht, sicher nicht einmal das Papier wert, auf dem sie gedruckt wurden. Warum sollte man schreiben, um jedem zu gefallen?

Man schreibt einfach, in der Hoffnung, dass alles besser wird. Diese Welt ist ein verdammt seltsamer Ort. Da können sicher ein paar Schriften, die ebenfalls verdammt seltsam sind, nicht schaden.

Gedichte

Die Sturmnacht

Kraftvoll und tosend rauschet das Meer,
über die Heide heult pfeifend der Sturm,
ich dachte an dich und mein Herz wurde schwer.
So schrieb ich des Nachts einen langen Brief,
reich an Worten der Liebe, gerichtet an dich,
in Versen der Sehnsucht, so heiß und so tief.

Wolkenlos und sternenklar des Himmels Pracht,
säuerlich der Duft der salzigen See,
so einsam die Stunden, so stürmisch die Nacht.
Meine Hütte erleuchtet vom schummrigen Licht,
lausch ich dem Sturm und dem tobenden Meer,
die Welt um mich schlummert, aber ich nicht.

Schaurig und unheimlich draußen der Klang,
seufzend die Heide wiegt sich im Sturm,
der klinget wie zischend rauer Gesang.
So verweile ich hier im stillen Leid,
schreib klagende Worte, die niemand vernimmt,
von Trauer umnebelt in Ewigkeit.

Ich warte auf dich, doch du kehrest nie wieder,
schon vor Jahren der schweren Krankheit erlegen,
so lausch ich des Nachts des Sturmes Lieder.
Sterben möcht ich an diesem verlassenen Ort,
unweit des Meeres tobender Gischt,
endet die Nacht, so bin auch ich fort.

Besessen

Der Pflanze wohlig süßer Rauch,
verleiht mir das was ich so brauch,
spendet Trost, vertreibt den Kummer,
erleichtert tiefen festen Schlummer.
Düsternis umhüllt mich nie,
bin ich doch voll Phantasie!

Gern würd ich mich von dir lösen,
bist du doch das Werk des Bösen!
Ich dich nie vergessen kann,
auf ewig unter deinem Bann.
Aus deinem wohlig warmen Schoß,
lässt du mich nie und nimmer los!

Mein Gemüt beschwingt erheitert,
Bewusstsein ganz und gar erweitert.
Wie meines Gleichen viele Leut,
mein Wissen um dich arg mich reut.
Mit dir frei von Traurigkeit,
ohne dich von großer Last befreit.

Eingekerkert

Umwoben von pechschwarzer Finsternis,
der Boden unter mir steinern und kalt,
schmachtet meine Seele im finstren Verlies.
Gelegt in Ketten aus eisigem Stahl,
gefoltert von ewig bedrückender Stille,
Leid sich vereint mit grausamer Qual.

Bruch

So hart mich deine Worte trafen,
konnt ich keine Nacht mehr schlafen!
Lässt mich nicht der sein, der ich bin,
so machts gemeinsam keinen Sinn!
Zwängst mich in deine engen Normen,
Menschen kann man nicht verformen!

Traute Zweisamkeit im Rausche,
während ich deinen Worten lausche.
Doch wünschtest du ich wär nicht Ich,
soll ich doch leben nur für dich!
Heut schau ich nur zu denen hin,
die mich so nehmen wie ich bin.

Todessehnsucht

An felsiger Schlucht sah in der Nacht,
ich in die klaffende finstere Tiefe hinab,
Die Patroninnen im Tale hielten wacht.
Der Wind in den Bergen scharf und kalt,
zog pfeifend und zischend über die Lande,
es ächzten und knarrten die Bäume im Wald.

Einen Moment lang tat ich die Augen zu,
lauschte dem Rascheln der Blätter im Wind,
wünschte, ich hätte auf ewig Ruh.
Nimmer zogen im Tal die Schutzgeister ab,
meine Sünde würde verkündet dem Herrn,
oh könnt ich doch wagen den Sprung hinab.

Lisa & Eliaz

I

Aus erdig feucht duftenden Sandstein erbaut,
verborgen im Tal zwischen Buschwerk und Kraut,
liegt einsam und verlassen ein Kloster im Wald,
dessen Gemäuer verwittert, rissig und alt.
Schwer zu finden bei harzig duftenden Fichten,
zahlreich der Leute finstre Geschichten.
Wo Glockenturm aus dem Walde gen Himmel ragt,
kein lebend Mensch sich des Nachts in die Nähe wagt.

Heulend der Wind durch die Bäume weht,
Die Novizen sprechen ihr Morgengebet.
Öde die Tage, der Arbeit viel Last,
wenig Freud hinter den Mauern zu Gast.
Eliaz, ein Junge noch, strahlender Held,
seine Lieder erklingen überall auf der Welt,
Auf dem Boden liegend, die Obere lacht,
Bestrafung liegt in der Schwester Macht.

Peitschende Schläge auf fahlbleicher Haut,
die Schreie des Jungen verzweifelt und laut.
„Halt dich demnächst von Schwester Lisa fern,
rasch ereilet dich sonst der Zorn deines Herrn,
in den Keller mit dir, dort ist es dunkel und kalt,
niemand hört deine Rufe im finstren Wald!"
Eliaz, wimmernd sich krümmend vor Schmerz,
lang schon schlägt für die Schwester sein Herz.

Verbreitet von fiesen tückischen Zungen,
ward im finstren Gemäuer die Kunde des Jungen

und Schwester Lisa ganz wohlgestalt,
von Künstlern verewigt, die Kirchen bemalt.
„Wenn der Herr bestimmt wen ich lieben mag,
ob ich auch bete Tag für Tag,
so will ich nicht länger mit ihm sein",
sprach da Eliaz in seiner Pein.

II

Lisa am Morgen vom Tau erwacht,
folgte dem Ruf der heiligen Macht,
Gebet in steinerner Halle erschallt,
es heulet der Wind durch den dunklen Wald.
An Mauern Schatten vom Feuerschimmer,
Eliaz im Kerker gefangen für immer.
Die Schwester in Eile den Jungen zu retten,
der tief im Gewölbe schmachtet in Ketten.

Schreie von tief unter der Erde erschallen,
Nebel gespenstisch in Tälern wallen,
Lisa schreitet geschwind in den Keller hinab,
den Schlüssel ihr heimlich ein Novize gab.
Am gestrigen Tage er zu ihr sprach:
„Dies ist der Schlüssel zum Kellergemach!
Lang ist der Weg in Verliese dort unten,
Gefangener bleibt auf immer verschwunden!"

Die Wände in den Kerkern feucht und kalt,
der Geruch in den Gängen vermodert und alt,
Fledermäuse zwischen den Felsen schwirren,
im Finstern tönt der Ratt Huschen und Sirren.
Endlos der Weg zum Verlies im Dunkeln,
Fackeln aus Pech düster Flackern und Funkeln,
schrecklich ist der oberen Schwester Macht,

zu dieser dunklen Stund um Mitternacht.

Junger Held bald von eisernen Ketten befreit,
Weg nach draußen zum Lichte lang und weit,
Gänge tief unten verzweigt und verschlungen,
es geleitet die Schwester die Hand des Jungen.
Gewunden im spiralförmig wendig Verlauf,
führet endlose steinerne Treppe hinauf.
„Oh liebste, ich wähnte schon, dies sei mein Tod,
kein Schimmer der Hoffnung, kein Ende der Not!"

III

So flohen sie aus dem Kloster geschwind,
schauerlich heulet um das Gemäuer der Wind.
Nebelschwaden im Tale behindern die Sicht,
Glanzlos am Himmel des Halbmondes Licht.
„Eliaz, folge mir rasch, lass uns eilen,
nimmer dürfen wir allzu lang hier verweilen,
bald erwachen Schwestern aus tiefem Schlafe,
nun müssen wir fliehen vor grausamer Strafe!"

„Oh liebste, ich fürchte, ich kann nicht so schnell!
Es schmerzen die Beine, noch wird es nicht hell.
Viel Stund mag noch dauern bis Tageslicht,
im Schutze der Dunkelheit sehen sie uns nicht.
Im Unterholz bei Büschen und Tannen verborgen,
verstecken wir uns bis zum frühen Morgen.
Wenn im Tale aufgeht der Sonn heller Schein,
mag Flucht über Stock und Stein leichter sein!"

Kaum waren gesagt diese leisen Worte,

im finstren Tal an diesem schaurigen Orte,
aus dem Dickicht riesiger Wolf auf sie sprang,
vergrub scharfe Zähne in Lisas Wang.
Schwester Lisa bald grausamer Tod gewiss,
das Tier ihren Kopf in blutige Stücke zerbiss.
Eliaz floh kletternd auf hohen Baum,
Wolf sich fraß satt wie im bösen Traum.

Eliaz lang noch an diesem Orte verharrt,
die Schwester er heimlich im Tale verscharrt,
In Halle aus Stein heilig Messe begann,
war es, als hielte der Wald gar den Atem an.
Traurig klaget vom Helden das leidende Herz,
in Liedern von stillem quälenden Schmerz.
Worte die längst verklungen sind,
tief im Tale geht leise der Wind.

Garstig Wort

Nie woanders wohlgefühlt,
in alten Zeiten rum gewühlt,
meiner Kindheit Heimatort,
verlass ich nun, ich gehe fort.
Anders alles, nicht mehr schön,
muss ich schweren Herzens gehn.

Neue Menschen, neuer Ort,
Veränderung ein garstig Wort,
lieget schon ein deutlich Sinn,
im ungewissen Neubeginn.
Neue Gegend, neues Glück,
Blick nach vorne, nicht zurück.

Gefangen

Oh rabenschwarze Finsternis,
beschütze mich, verhülle mich!
Der Weg so lang, die Nacht so kalt,
bin ich doch gelähmt von Furcht.
Der Sturm so stark, die See so rau,
bin ich doch ganz starr vor Schreck.
Oh rabenschwarze Finsternis,
beschütze mich, verhülle mich!

Oh ewig lange Einsamkeit,
betraure mich, verzehre mich!
Das Land so weit, die Zeit so lang,
bin ich nicht mehr hier zu Haus.
Das Lied so leis, der Raum so leer,
bin ich niemand und doch da.
Oh ewig lange Einsamkeit,
betraure mich, verzehre mich!

Tot

Anmutig, kalt und regungslos,
kauerst du auf meinem Schoß.
Zierlich Laib so leblos schön,
hab ich nie zuvor gesehen.
Weißes Fleisch so klamm und starr,
stumpf und spröd dein langes Haar.
Nackt und reizend deine Brust,
zwei Geschlechter, eine Lust.
Kraftvoll dring ich in dich ein,
Liebe kann so prächtig sein.

Auf dem Friedhof

Zwischen Gräbern und Sträuchern weht leise der Wind,
silbrig der Himmel im Lichte des Mondes erstrahlt,
lauf wie durch einen unheimlichen Traum ich
geschwind.
Ein Ort von Schmerz, Trauer und Einsamkeit,
zwischen Leuchten und Steinen dichte Nebel wabern,
schlummert tief unter der Erde zahlloses Leid.

Kunstvolle Runen das Holzdach der Kapelle verzieren,
die einsam und still zwischen Grabstätten gelegen,
wo verlassene Seelen Fleisch und Blut verlieren.
So wander ich hier, werd bald schon ermüden,
auf nimmer endend erscheinenden Pfaden entlang,
wo die Verscharrten dort drunten ruhen in Frieden.

Beklemmend die Klänge an diesem finstren Ort,
das Atmen und meine Schritte als klagendes Echo,
scheint wie von nah und von ganz weit fort.
Leise klinget in gar traurig beseelten Noten,
von tief drunten zu Erden gewordener Asche,
gespenstisch und unheimlich der Gesang der Toten.

Ohne Worte

Die Beschriftung scheint absurd.
Kopflos hingeschrieben wurd.
Zu lesen ohne Wohlbehagen,
mehr braucht man dazu nicht zu sagen.
Drum schrei ich's in die Welt hinaus:
Kein Text kommt ohne Worte aus!

Mensch

Fleisch aus totem Lehm geworden,
auf Erd in Scharen und in Horden,
sich tilgend, unentwegt vermehrend.
Asphalt, Gestank und große Städte,
Ach, wenn die Welt doch Frieden hätte!
Lebensodem, so verheerend!

Wiesen und dichte Wälder standen,
zahlreich zuvor in diesen Landen.
Doch in der heutgen Gegenwart,
wirkt die Gegend öd und kahl.
Auf höchsten Berg, im tiefsten Tal,
ein Jeder lebt nach seiner Art.

Dazwischen Ödland, trostlos karg,
Nägel gezimmert in flachen Sarg.
Unrat das Antlitz der Erd übersät,
finstre Stille verdüstert das Land,
die Zukunft liegt in unsrer Hand.
Ein Jammer! Ist es schon zu spät?

Drei

Unterm schwarzen Himmelszelt,
hinein geboren in die Welt.
In sternenloser Nacht gezeugt,
einäugig und krumm gebeugt.
Gänzlich ohne jedes Haar,
heller glatter Körper starr.
Zwischen Beinen baumeln frei,
der mächtig langen Riemen drei.

Die Mondballade

Fröhlich die Kapelle spielet auf zum Tanz.
Der Mond taucht die Lichtung in hellen Glanz.
Beschwingt und verwirrt die Sinne vom Wein.
Deine Haare leuchten in des Feuers Schein.
So war ich einer der zahlreich geladenen Gäste,
des Nachts auf diesem lauten lustigen Feste.

„Lasset uns gemeinsam das Tanzbein schwingen",
riefst du mir zu während die Maiden froh singen.
Rasch leerte ich den Becher, gesagt und getan,
Leichtfüßig säuselnd über Moos, Gras und Farn.
Bald hierhin, bald dorthin froh und geschwind,
durch die Wipfel der Bäume geht leise der Wind.

In hölzerner Hütte unter niedrigem Dach,
führtest trunken du mich an dein Schlafgemach.
„Bist du sicher, dass niemand uns hört und sieht?
Beim Feste verstummt des Kapellmeisters Lied."
„Keine Sorge, hier sind wir ganz ungestört,
im Hause kein Mensch uns sieht und hört."

Meine Sinne noch immer verwirrt vom Wein,
drang lüstern ich bald in dein Fleische ein.
Wohlig und warm, mein Geist fühlte sich frei,
in Vollmondnacht tönte animalischer Schrei.
Auf Lichtung im Mondschein die Nebel wallen,
Freierin wachsen Nägel zu mächtigen Krallen.

Vor Schmerz mir alsbald versiegten die Worte,
im Holzhaus an diesem verwunschenen Orte,
spürte ich wie Rippen krachten und brachen,
vernahm ich dein donnerndes bellendes Lachen.

Dein riesiger Körper in Wolfsgestalt,
auf nächtlichem Feste mitten im Wald.

„Nun bleibest du auf immer und ewig mein!
Mächtiger Wolfsmensch in Vollmondes Schein!",
sprachst du, als sich in dir mein Saft entlud,
weiches Bette gesprenkelt mit hellrotem Blut,
lag ich dort im Banne deiner finsteren Macht,
auf Lichtung im Wald in der Vollmondnacht.

Himmelszelt

Des finstren Kaisers grausame Macht,
ward besiegelt in langer glorreicher Schlacht.
Hufe donnerten, Schwerter klirrten,
von gespannten Sehnen Pfeile gen Himmel schwirrten.
Des Kaisers Nachhut eng zwischen Bergen verflochten,
während Elfen und Menschen Seite an Seite fochten.
Elfen gesegnet mit ewigem Leben,
die große Schlacht emsig in Vorhänge weben,
die über dem Zelte des Himmels thronen,
unter dessen Gewölbe Gottes Kinder wohnen.

Kokain

König der Welt bin ich nun,
ohne viel dafür zu tun.
In gestirnter schwarzer Nacht,
ergriffen von Gewalt und Macht.
Auf deinen Flügeln flieg ich hoch,
nach kurzem Flug der Sturz ins Loch.

Vier Jahreszeiten

1. Frühling
Vielstimmig trällern die Vögel ihre lustigen Lieder,
das Rattern des Spechtes ertönt wieder und wieder.
Sonnenschein und Gezwitscher so früh am Morgen,
vermag geschwind scheuchen Trübsal und Sorgen.
Schneeglöckchen verzieren die weiten Vorgärten,
auf Wiesen flattern Blaumeisen samt ihren Gefährten.

2. Sommer
Brütende Hitze sich in den Straßen staut,
in den Städten rauscht der Verkehr so laut.
Draußen die Dunkelheit rein bricht zu späterer Zeit,
im Herzen der Kinder beschwingte Fröhlichkeit,
nichtig erscheint den Kleinen des Lebens Last,
an sommerlichen Tagen Spiel und Freiheit zu Gast.

3. Herbst
Gelb und rot sind nun die weiten Wälder,
nun die Bauern emsig ernten ihre Felder.
Prächtig bunte Blätter von den Bäumen fallen,
auf den Wiesen feuchte und kühle Nebel wallen.
Die Nächte so ungemütlich, stürmisch und kalt,
lassen uns wissen, der Winter kommt bald.

4. Winter
Es glänzen anmutig und weiß die Lande tief verschneit,
Der Sternenhimmel glasklar, so unendlich und weit.
Die Nächte finster, kalt, geruhsam und lang,
vielstimmig in den Kirchen erklinget der Chöre Gesang.
Zur Weihnachtszeit Frohsinn und brennende Kerzen,
Wärme durchflutet die fröhlichen Herzen.

Ruhelos

In dunkler Stund um Mitternacht,
der Geist vom alten Graf erwacht,
in Ruine ächzt und stöhnt.
Gewaltig gierig züngelnd Feuer,
sich zischend fraß durch das Gemäuer,
Seele rastlos sich nach Ruhe sehnt.

Auf dem Schloss auf großer Feier,
Der Barde trunken spielt die Leier.
Der Graf gehortet Speis und Trank,
für lustig laute Gästeschar,
das Feste froh und munter war,
in dem Schloss am alten Hang.

Wenig Wasser, knapp das Brot,
groß des Volkes Hungersnot.
Dem Adeligen reut sein tun.
Es brannten des Palastes Mauern,
entflammt vom Pöbel zornig Bauern.
Des Grafen Geist wird nimmer ruhen.

Stille

Wohltuend und sanft zugleich bedrückend und schwer,
die Wälder jenseits der Stadt wirken wartend und leer,
die Nacht hüllt die Welt in schweigende Dunkelheit,
in feuchten Fetzen Nebel wallt kühl, schlierig und weit.
Kein einzig Ton wie im Himmel so auf Erden erklingt,
beklemmende Stille den weiten Kosmos verschlingt.

Der Fluch

Uneins, von mir selbst entzweit,
Himmel geküsst, Hölle umarmt,
hoch geflogen, tief gefallen.
Begehrend, was ich nicht mehr will,
Blut geleckt, Hunger gestillt,
Frieden gesucht, Krieg erlangt.

Verlangend, was verboten ist,
Wissen erlangt, Macht verloren,
König gesucht, Bettler gefunden.
Zweifelnd, wo mein Weg hinführt,
weit gedacht, wenig getan.
Kurz gefreut, lang getrauert.

Unsterblich

Als ich dich zum ersten Mal sah,
überkam es mich einfach, wie aus dem Nichts,
als würden all meine Träume wahr.
Verzückt lauschte ich deinem klaren Gesang,
stand schon machtlos unter deinem Bann,
verzaubert von der Stimme süßen Klang.

Unsterblich bist du, ein Geschöpf der Nacht,
am Tage ruhend in deinem hölzernen Sarg,
hast in Ketten gelegt mich mit deiner Macht.
In der Nacht als ich spürte deinen Biss,
du dich am Geschmack des Blutes erlabtest,
war ewiges Leben auch mir gewiss!

Ungereimtes Wortgemetzel

Schmerzhaft und verlustreich ist die blutige Schlacht.
Ewig währt der Kampf zwischen Gut und Böse.
Kurz und knapp gegen lang und weit.
Hart und laut gegen sanft und leis.
Zu ekstatischen Ergüssen aneinander gereiht.
Gesprochen, zu Papier gebracht oder gemeißelt in Stein.

In Geschichten und Liedern ruht das bloße Geschehen.
Halb gehört, flüchtig und schnell verklungen.
Laut und deutlich vernommen, eingehämmert mit
Gewalt!
Zwischen Schwarz und Weiß thront alles und doch
nichts!
Deshalb geweint und drüber gelacht,
versetzt in Zorn, erfüllt mit Hass!

Zahlreiche Leichen pflastern die vorderste Front.
Halb ausgesprochen, Klang ohne Sinn, zerhackt.
Ausgeschieden, doch nimmer zu Ende gedacht.
Weder Anfang, noch Ende, kein Neubeginn.
Auf diese Weise der Krieg gar schnell vorbei,
Schlachtfeld nun allzeit wortlos und leer.

Verirrt

Ziellos wandernd im finstren Walde umher,
hatte die Zeit ich vergessen und fand keine Ruh,
fühlte mich zerrissen, verzweifelt und leer.
Es seufzte der Wind in belaubten Kronen,
Zweige unter meinen Schritten brachen,

Pflanzen und Geschöpfe die Wildnis bewohnen.

Durch krautiges Dickicht die Pfade mich führten,
markant und verwirrend die Gerüche der Nacht,
schaurige Lichter von fahlen Gestirnen herrührten.
So schritt ich langsam unverzagten Mutes voran,
gefangen im Labyrinth aus Baum und Gehölz,
ging weiter und weiter, kam nirgendwo an.

Reise ins Licht

Auf hoher See fahr ich dahin,
schon überall gewesen bin.
Wasser munter gurgelnd zischt,
Schaumig Wellen weißer Gischt.
Schiff sich weit zur Seite neigt.
In stürmisch Nacht kein Stern sich zeigt.

Gewaltig Seegang Kahn aufbäumt,
im Meer es wütend tost und schäumt.
Ozean so endlos weit,
Weltmeer der Unendlichkeit.
Blitze zucken, Donner grollen,
hohe Wellen emsig rollen.

Mein altes Leben hinter mir,
bin schon viel zu lange hier.
Ein neuer Abschnitt bald beginnt,
alte Lasten nicht mehr sind.
Noch immer peitscht die See der Sturm,
Licht erstrahlt auf fernem Turm.

Im Wald

Tief drin im Walde rauschet der Bach,
plätschert das Wasser so rein, so klar,
die Sonne scheint durch das Blätterdach.
Neben dem Pfad reiht sich Baum an Baum,
wo die Äste leise im Winde säuseln,
scheint die Wildnis verwunschen wie im Traum.

Zwischen den Bäumen Vögel zwitschern und singen,
im Gehölz es raschelt, knackt und kracht,
Lieder der Elfen so schön erklingen.
Verlockend und süß des Waldes Duft,
im Klange der Waldelfen froher Gesang,
die Sinne erfüllt von der Reinheit der Luft.

Moosbewachsen und knorrig die Bäume uralt,
sattgrün die Kronen gefärbt vom Laub,
so verschlungen die Wege, so unendlich der Wald.
Ein Ort sanfter Ruhe und Geborgenheit,
von Legenden und Sagen, die längst vergessen,
noch bin ich nicht für den Heimweg bereit.

Sternenhimmel

In einer kalten klaren Winternacht,
am Rande einer kleinen Stadt,
die Sterne strahlen in voller Pracht.
Dort warte ich jede Nacht auf dich,
Laternen funkeln am Horizont,
in den Tälern die Nebel lichten sich.

Gespenstisch und öde die ewige Stille,
schneidend und kalt weht der tosende Wind,
so verweile ich hier um des Herzens Wille.
Hell strahlet des bleichen Mondes Licht,
am weiten sternklaren Himmelszelt,
auch in dieser Nacht erscheinst du mir nicht.

Vereist und schweigsam zur Linken der See,
in den nahen Wäldern es wispert und ächzt,
überzogen die Lande vom glitzernden Schnee.
Des Wartens müde nimmer und nie,
im Schutze des Mantels der finsteren Nacht,
doch lebst du nur in der Phantasie.

Nachtleben

Draußen in der Nacht im Dunkeln,
Am Himmel glitzernd Sterne funkeln.
Im Wald verborgen und gelauschet,
dem Klang der Wildnis in der Nacht,
im Unterholz es raschelt sacht,
Wind in belaubten Bäumen rauschet.

Unter der fröhlich Elfen Zauberbann,
fang ich zu tanzen und zu singen an.
Wild und Vögel stimmen lustig ein,
Wald nachts zum Leben rasch erwacht,
der Mond erstrahlt in voller Pracht,
Lichtung erhellt von glänzend Schein.

Alles

Es heult der Sturm, die Möwe klagt.
Die Bäume ächzen, es wispert das Gras.
Gewitter fegt donnernd mit Getös übers Land.
Städte in Brand, Herrscher kommen und gehen.
Auf Regen folgt Sonne, im Winter fällt Schnee.

Aus Sein geworden, allzeit vereint.
Wasser und Feuer, Erde und Wind.
Wir alle sind eins, an jedem Orte,
ein Fluss aus Lava, im ständigen Strom.
Die Zeit vergeht, die Welt wird älter.
Wir schreiben Geschichte, ein Jeder erzählt.

Nichts

Allzeit dort und hier zugleich,
auf immer im Jetzt verschlungen.
Nie entzweit und doch geworden,
das Sein zuvor offenbart.
Danach gewesen und alles davor,
der Pfad ohne Wiederkehr!

Das Ende

Hinfort geblasen vom mächtigen Sturm.
Hinauf getragen ins selige Reich.
Hinab gestürzt ins ewige Feuer.
Seele verweilet auf immerdar hier.

Hinweg gespült vom reißenden Strom.
Ins Nichtsein geschleudert und neu geworden.
Alles vereint und erneut geordnet.
Im mächtigen Ozean winziger Tropfen.

Hinaus geschossen in die Unendlichkeit.
Durch Träume gereist, nimmer mehr erwacht.
Im Rauschen des Windes an jedem Orte,
allgegenwärtig und doch nirgendwo.

Essays

Gelesen und geschrieben

I

Es waren einmal zwei Kinder, die bekamen an jedem Abend von ihrer Mutter eine Geschichte vorgelesen. Und dies auch noch zu Zeiten, als ihr Alter bereits eine zweistellige Zahl zählte. Bei diesen Kindern handelte es sich um keine zwei geringeren als mich und meine kleine Schwester.

Vor allem die Bücher von Astrid Lindgren erfreuten sich großer Beliebtheit. So machte ich, gemeinsam mit meiner Schwester, Bekanntschaft mit Pippi Langstrumpf, Michel aus Lönneberga, Karlsson vom Dach, den Kindern aus Bullerbü oder auch den Brüdern Löwenherz, welche auch heute noch zu meinen Lieblingsgeschichten von Astrid Lindgren zählt.

Auch Paul Maar mit seinen Büchern über das freche Sams, wie auch Otfried Preußlers *Räuber Hotzenplotz* waren zum festen Bestandteil meines kindlichen Universums geworden.

Das Lesen in der Grundschule fiel mir damals nicht bloß leicht, es bereitete mir eine Menge Vergnügen. Es dauerte gar nicht lange und ich las viele Kinderbücher selbst, ohne jedoch auf die allabendliche Gutenachtgeschichte meiner Mutter zu verzichten.

So war ich zum Beispiel allein in den Genuss von *Die Brüder Löwenherz* gekommen. Mama konnte uns dieses schöne Märchen vom Leben nach dem Tod nicht vorlesen. Meine Schwester fürchtete sich zu sehr, vor allem vor Katla, dem Drachen.

Ich hingegen war, was düstere Geschichten betrifft, schon immer recht unempfindlich, war ich mir doch auch als Kind über die Tatsache im Klaren, dass es sich um ein Märchen handelt und es in unserer alltäglichen Welt nun einmal keine Drachen gibt.

Da ich zu den verhaltensauffälligen Kindern zählte, dürfte man wohl annehmen, dass diese Eigenschaft darauf zurückzuführen war, dass ich von Kindesbeinen an von der Norm abwich.

Die meisten Kinder bekommen es mit der Angst zu tun, wenn man ihnen von irgendwelchen großen finsteren Ungeheuern erzählt. Ich allerdings nicht.

Selber zu lesen war für mich von Anfang an eine schöne Erfahrung. Vor allem ein gewisser Hans Christian Andersen hatte es mir angetan.

Berührende als auch zum Nachdenken Anlass gebende Märchen entstammten der Feder des Erzählers aus Dänemark. *Die Schneekönigin, Das Hässliche Entlein*, oder auch *Des Kaisers neue Kleider* waren nur ein paar wenige meiner Lieblingsgeschichten aus meiner Kindheit.

Auch die von den Gebrüder Grimm gesammelten Volksmärchen sind Geschichten, mit denen sowohl meine Schwester als auch ich selbst ziemlich schnell in Berührung kamen. Diese jedoch dann wieder häufiger in vorgelesener Form.

Sowohl *Schneewittchen und die sieben Zwerge*, als auch *Rotkäppchen und der Wolf* oder *Der Wolf und die sieben Geißlein* hat uns Mama mehr als einmal vorgelesen. Hörspielkasetten und Theateraufführungen, die mit der Schulklasse besucht wurden und zumeist eben diese klassischen Märchen zum Inhalt hatten, sind Fest in meinen Erinnerungen verankert.

Ich glaube, ich muss etwa 12 Jahre alt gewesen sein, als ich zum ersten Mal den Zauber von Mittelerde entdeckte, in dem ich *Der Herr der Ringe* las. Später wurde dann Stephen King mit seinen Romanen ein ständiger Begleiter. Ich verschlang *Carrie, Brennen muss Salem!, Shining, Friedhof der Kuscheltiere* und *Es* innerhalb weniger Nächte.

Einzig *Der Dunkle Turm* konnte mich nicht überzeugen. Stephen King ist für mich eher ein Meister des Horrors und des Psychothrillers,

wenn es um (Dark)Fantasy geht, gibt es meiner bescheidenen Meinung nach bessere Autoren. Vor allem der erste Band, der hier bei uns den Titel *Schwarz* trägt, zieht sich, obgleich nicht sonderlich umfangreich, in die Länge wie ein ausgeleiertes Gummiband.

Genauso interessiert war ich natürlich auch an der Literatur aus dem eigenen Land. *Der Butt* von Günter Grass hat mich schwer beeindruckt, zählt dieser Roman doch mit zu den wildesten historisch geprägten Märchen des 20. Jahrhunderts.

Auch *Die Blechtrommel*, sein wohl bekanntester Roman, den ich nur wenig später las, zählt mit Abstand zum Besten und Skurrilsten, das die Deutsche Literatur in der Nachkriegszeit hervorgebracht hat. Mit *Hundejahre* hatte Grass im Jahre 1963 seine Danziger Trilogie abgeschlossen.

Der außerordentlich experimentierfreudige Roman, den der Autor selbst als ein „literarisches Wagnis" bezeichnet hatte, fiel allerdings seinerzeit größtenteils bei Kritik und Publikum durch, was ich persönlich sehr schade finde, enthält dieses Buch doch zahlreiche künstlerische Wortergüsse, wie ich sie bis heute in keinem anderen erzählenden Werk zu lesen bekommen habe. Ein literarisches Meisterwerk, nicht zuletzt auch aufgrund der gekonnten Nutzung verschiedener Erzählperspektiven.

Mit einem Siegfried Lenz hingegen bin ich nie so wirklich warm geworden, ich fand seine Schreibe immer ein wenig zäh und abgehackt. So empfand ich zwar *Das Feuerschiff* als eine außerordentlich spannende Geschichte, die sein Autor jedoch meiner Ansicht nach mit seinem unzulänglichen sprachlichen Stil grandios vergeigt hatte.

Von seinem bekanntesten Roman *Deutschstunde* habe ich es nie geschafft, über die ersten 30 Seiten hinaus zu gelangen, weil es für mich einfach nur eine Qual war, dieses Buch zu lesen.

Vor allem die unnötig aufgeblähten Sätze empfand ich als unangenehm. Deshalb habe ich Klassiker wie *So zärtlich war Suleyken* und *Geschichten aus Bollerup* nie gelesen.

Auch ein Günter Grass ist sicherlich nicht für kurze und knappe Sätze berühmt, besitzt jedoch eine derartige Sprachgewalt, dass man als Leser regelrecht mit Worten erschlagen wird, wodurch dieser Umstand wieder wett gemacht wird.

Dann ist da natürlich noch die romantische Epoche zu nennen, beeinflusst von Sturm und Drang mit Autoren wie Joseph von Eichendorff, Ludwig Tieck, Novalis oder E.T.A. Hoffmann, die mit ihren brillanten Werken ganze Generationen von Autoren beeinflusst haben. Auch wenn ich bis zum heutigen Tage nicht im Besitz dieses zeitlosen Klassikers bin,

habe ich Hoffmanns *Nachtstücke* mindestens zweimal im Leben gelesen. Die Weimarer Klassik hingegen hat mich bis heute nie sonderlich interessiert, geschweige denn angesprochen. Ich nehme es mir hier an dieser Stelle jetzt einfach mal heraus, offen auszusprechen, dass ich der Meinung bin, dass ein Johann Wolfgang von Goethe eindeutig überbewertet wird.

Gleichwohl besitze ich die Frechheit, an dieser Stelle nicht weiter darauf einzugehen und stattdessen auf ein anderes Essay zu diesem Thema zu verweisen, welches nur wenige Seiten weiter hinten in diesem Buch geschrieben steht. Mit diesen Themen könnte man problemlos mehrere Bände füllen, ohne dass es je auch nur einen Leser oder Autor großartig weiterbringt. Ganz einfach deshalb, weil jede Seite weiterhin auf ihren Standpunkt beharren wird, unabhängig von dem was gelesen wurde und geschrieben steht.

Reine Unterhaltungsliteratur aus Deutschland gibt es natürlich ebenfalls zuhauf, doch habe ich selbst bisher wenig davon gelesen.

Ein Beispiel sei hier etwa *Das Druidentor* von Wolfgang Hohlbein, welches mir kaum im Gedächtnis geblieben ist. Vermutlich ist dieser Roman nicht wirklich schlecht, aber eben auch kein herausragendes Meisterwerk. Anders jedoch die Werke einer Autorengruppe aus dem hessischen Marburg.

Diese nennt sich *Die Apokalyptischen Schreiber*, bestehend aus Hunger (Thomas Backus), Pest (Volker Ilse), Krieg (Stefan Fels) und Tod (Ralph Haselberger). Sowohl die gemeinsam herausgebrachte Anthologie *In Blut geschrieben*, wie auch Ralph Haselberger sein Roman *Fast tot* und Thomas Backus sein Alleingang in Form der Anthologie *Zombies – Sie werden dich fressen* haben allesamt höchste Platzierungen in den Bestsellerlisten verdient.

Gerade Ralph Haselbergers *Fast tot* ist ein Roman, den man so schnell nicht vergisst. Die Geschichte hat eine außerordentlich hohe Zahl an Spannungselementen vorzuweisen, es gibt viele witzige Szenen als auch verrückte Wendungen, die Charaktere sind allesamt ganz normale Menschen ohne besondere Tiefe, die einen nichtsdestotrotz schnell ans Herz wachsen. Wirklich sehr gerne würde ich eine Fortsetzung von diesem durch und durch gelungenen Stück deutscher Horrorliteratur lesen.

Wieso jedoch besitzen die soeben genannten Bücher eben nicht den Status eines Bestsellers? Ganz einfach: weil deren Herausgabe bei einem Kleinverleger erfolgt ist. Ein Solcher hat bei Weitem nicht dieselben Marketingmöglichkeiten wie die großen Unternehmen, für die Profit mehr zählt als Qualität, demzufolge Literatur von minderwertiger Qualität, wie etwa *Feuchtgebiete* von Charlotte Roche´, vor erstklassig geschriebener Literatur von unbekannten Autoren den Vorzug erhält.

Was von derartigen Umständen zu halten ist, bleibt Ihnen als Leser natürlich selbst überlassen, schade ist es jedoch allemal, da der Öffentlichkeit so möglicherweise die ein- oder andere schöne Perle durch die Lappen geht.

Selbstverständlich sind auch die ganzen Kinofilme, die es so gab und gibt, nicht spurlos an mir vorübergezogen. Ich habe zu den meisten Büchern, die ich gelesen habe, irgendwann auch mal die Verfilmung gesehen.

Darüber hinaus liebte ich Horrorfilme und entdeckte später meine Liebe zum japanischen Anime. Trotzdem spielen Bücher aller Art in meinem Leben nach wie vor eine wichtige

Rolle. Die Protagonisten in einem Roman wirken auf mich stets deutlich lebendiger und auch vielschichtiger als in einem Film. Selbst die besten Darsteller vermögen ihrer Rolle nicht so viel Lebensodem einzuhauchen, wie ein fähiger Schriftsteller dies bei den Figuren in einem

Roman, einer Novelle oder einer Kurzgeschichte tun kann.

In einem Spielfilm kann immer nur ein Bruchteil des Universums der in ihm agierenden Personen vermittelt werden. Sowohl die Gedanken- als auch die Gefühlswelt der Charaktere lassen sich in einer filmischen Inszenierung nur schwer in derselben Detailfülle wiedergeben, wie das zwischen zwei Buchdeckeln möglich ist.

Nehmen wir hier als Beispiel einfach mal Joanna K. Rowlings Romane über den Zauberschüler Harry Potter.

Vor allem Harry selbst macht in den Büchern nicht bloß eine bemerkenswerte Charakterentwicklung durch, seine psychische Labilität kommt, vor allem in den späteren Bänden,

mehr und mehr zum Vorschein. Seine Wutanfälle, sowohl als Kapitän der Quidditch-Mannschaft als auch Hermine und Ron gegenüber, zählen zu den Szenen, die ich einfach nur mit Genuss gelesen habe.

Besonders zu erwähnen sei hier im Band *Harry Potter und der Orden des Phönix* die markante Szene, in der Harry im Büro von Professor Dumbledore in einem Anfall von Zorn alles demoliert und zerstört, was ihm zwischen die Finger gerät.

Ich möchte hier an dieser Stelle natürlich nicht zu viel preisgeben, da es hier unter meinen Lesern sicher auch jemanden gibt, der irgendwann in seinem Leben diese Bücher lesen möchte. Erwähnt sei hier nur, dass dieser emotionale Ausbruch es nicht in die gleichnamige Verfilmung geschafft hat.

Die Rolle des Harry Potter war wohl auch nicht gerade leicht zu spielen und Daniel Radcliffe, der zu dieser Zeit noch sehr jung war, wirkte dann auch manchmal ein wenig überfordert.

Mich persönlich hätte es sehr gefreut, wenn der Wutanfall in Dumbledores Büro so umgesetzt worden wäre, wie es im Buch geschah.

Peter Jacksons Verfilmung von *Der Herr der Ringe* hingegen hat meine hohen Erwartungen sogar noch weit übertroffen. Ich hätte es nie für möglich gehalten, dass jemand aus Tolkien seiner Trilogie einen Film macht, mit dem man diesem epischen Mammutwerk auch nur ansatzweise gerecht wird.

Natürlich war es nicht möglich, sämtliche Szenen aus dem Roman zu berücksichtigen, trotzdem habe ich nicht viel zu beanstanden. Frodo ist meiner Ansicht nach beispielsweise noch viel zu jung. Als ich das Buch las, habe ich mir in etwa einen Hobbit in mittleren Jahren vorgestellt. Aber derartige Kleinigkeiten schmälern kaum den Unterhaltungswert.

Der Film *Die unendliche Geschichte* nach dem Roman von Michael Ende ist da deutlich schwieriger zu bewerten.

Als Kind habe ich sowohl das Buch gern gelesen, genau wie ich auch den Film mochte. Was ich nur sehr schade fand, ist die Tatsache, dass der spannendste Teil des Buches, nämlich die Geschichte von Bastian selber, praktisch nicht umgesetzt wurde.

Okay, es gibt ein grottenschlechtes Sequel, welches mit dem Roman nicht mehr viel gemeinsam hat, doch sollte dies meiner Auffassung nach unberücksichtigt bleiben.

Ein echtes Negativbeispiel ist hier die durch und durch absurde, zum Brüllen komische Sciencefiction-Reihe mit dem Titel *Per Anhalter durch die Galaxis*.

Ich habe jeden Einzelnen der 5 Bände des inzwischen leider verstorbenen Autors namens Douglas Adams mit dem größten Vergnügen gelesen, sogar mehrmals. Der Wortwitz in diesen Büchern sucht seines Gleichen und ich will verdammt sein, wenn ich nicht eines Tages das englische Original lese!

Die Verfilmungen haben mich allerdings schwer enttäuscht. Weder die damals in den 80er-Jahren für die BBC gedrehte Mini-TV-Serie, noch der viel spätere Kinofilm konnten bei mir so etwas wie Begeisterungsstürme auslösen.

Dies ist vermutlich der Tatsache geschuldet, dass der Humor der Romane nicht sonderlich leicht in einem Film zu vermitteln ist. Wer die Bücher gelesen hat, dürfte verstehen, was ich meine.

Ich könnte an dieser Stelle noch unendlich viel über die filmische Umsetzung der von mir gelesen Bücher berichten, aber ich will es einfach mal dabei belassen. Jedes Unterhaltungsmedium besitzt sowohl Vorzüge als auch Schwachstellen. Nur handelt es sich bei einem Film nur um die Vorstellung eines einzelnen Menschen (in den meisten Fällen dem Regisseur, in Zusammenarbeit mit dem Drehbuchautor) und deren Umsetzung. Bei einem zwischen Buchdeckeln gepressten Produkt wird ein Großteil der Fantasie dem Leser selbst überlassen.

Jeder kann auf diese Weise sein persönliches Universum selbst kreieren. Lesen bildet nicht nur, es regt zusätzlich dazu auch noch die bildliche Vorstellungskraft an. Das viele Lesen hat mich des Nachts nicht nur deutlich lebendiger Träumen lassen, auch die Erinnerungen an das im Traum erlebte, sind oft deutlicher.

II

Es war einmal ein junger Mann, der wollte unbedingt Schriftsteller werden. So setzte er sich irgendwann im

Jahre 1998 an seinen PC und tippte die erste Kurzgeschichte.

Diese hörte auf den Namen *Der Anrufer* und handelte von einer Frau, die von unheimlichen Telefonanrufen belästigt wird.

Von diesem Text ist in der heutigen Zeit, nach über zwanzig Jahren, kein einziges Wort übrig geblieben, es existiert nirgendwo auf einem Datenträger eine Datei, die vom ersten schriftstellerischen Gehversuch des damals fast neunzehnjährigen zeugt.

Wie Sie sich vermutlich denken können, war ich selbst dieser junge Mann. Schriftsteller bin ich zwar tatsächlich geworden, allerdings blieb der kommerzielle Erfolg bis in die Gegenwart relativ bescheiden. Mittlerweile denke ich, dass Erfolg keine allzu große Rolle spielt. Zumindest hierzulande können die allerwenigsten vom Schreiben allein leben. Und doch würde ich nicht schreiben, wenn ich nicht davon überzeugt wäre, etwas zu sagen zu haben.

Und wenn es nur eine Person auf der ganzen Welt gibt, die ich durch meine Worte in irgendeiner Weise zum Nachdenken angeregt habe, so hat dieses Geschehnis seinen Wert.

Zum Teil ist es für mich auch eine Form des Protestes. Wenn man nicht unter dem Druck steht, einem breiten Publikum genau das liefern zu müssen, was es haben will, kann man es sich leisten, authentisch zu sein. Gut, aber was hat das Ganze jetzt mit Protest zu tun?

Es ist der Protest gegen eben diese breite Masse. Wenn ich sogenannten „Mainstream" schreiben würde, so müsste ich in vielerlei Hinsicht Abstriche machen als auch Kompromisse eingehen,

weil das Publikum nun einmal vorgibt, was im Trend liegt. Ob ich selbst aber nun gefallen an dem finde, was gerade aktuell im Trend liegt, steht auf einem ganz anderen Blatt.

Da ich mich jedoch beharrlich weigere, mich von einem breiten Publikum in was weiß ich was für eine Schublade stecken zu lassen, kann man mein Schreiben und mein Wirken mit gutem Gewissen als Protest bezeichnen. Zufrieden?

Wie bereits erwähnt, begann alles irgendwann im Jahre 1998. Zu dieser Zeit hatte ich einen guten Freund, mit dem ich auch gemeinsam die Schule besucht hatte. Auch dieser Freund von mir,

dessen Name so lautete wie ein großer Held aus der Antike, nämlich Alexander, war damals getrieben von dem Wunsch, irgendwann einmal ein erfolgreicher Schriftsteller zu werden. So schwang jeder von uns die Feder auf seiner Art und es entstand allerlei Text.

Die Qualität der zu dieser Zeit verfassten Werke wird von mir einfach mal sanft in den Mantel des peinlichen Schweigens gehüllt. Nichtsdestotrotz blieb manches davon erhalten und wird ab und an von mir gelesen, wegen der Erinnerung an gute alte Zeiten. Entweder bei mir oder bei Alexander hockten wir in unseren Zimmern vor dem PC und lasen uns gegenseitig unser Geschreibsel vor. Selbstverständlich waren wir dabei alles andere als unkritisch.

Ich erinnere mich noch, als wäre es gestern, wie wir vollgepumpt mit Enthusiasmus darüber schwadronierten, was wir alles machen wollten, wenn wir erst einmal so berühmt wären wie der große Stephen King. Denn in erster Linie waren es Horrorgeschichten, die zumindest ich damals schrieb.

Alexander war da immer mit seinen Ideen etwas flexibler und verfasste oft Kurzgeschichten, die manchmal ein wenig in Richtung Drama gingen, manchmal allerdings auch vollkommen zusammenhanglose Blödeleien und Wortspielereien, dessen Veröffentlichung er natürlich nicht ernsthaft in Erwägung zog.

Unerfahren wie wir damals waren, schickten wir manche unserer Kreationen an die großen Publikumsverlage.

Ende der 90er-Jahre waren noch die wenigsten Haushalte mit einem funktionierenden Internetanschluss ausgestattet. Also wurde einfach ein komplettes Manuskript in ausgedruckter Form mit der Post verschickt.

Mein erstes Manuskript trug den Titel *Grabeskälte*, wie ich noch genau weiß. Es war eine Sammlung von Kurzgeschichten aus der Kategorie Horror. Der einzige Verleger, von dem ich auf diese Einsendung je eine Antwort erhielt, war Hoffmann & Campe.

Es braucht nicht erwähnt zu werden, dass dieser Großverlag absolut kein Interesse zeigte, und dies auch verlauten ließ, oder?

Die anderen Verlage, zum Beispiel Wilhelm Heyne, Bastei Lübbe oder der Goldmann Verlag haben nicht einmal ihr Papier dafür verschwendet, mir eine höflich formulierte Absage mit Standardtext zuzukommen zu lassen.

Doch hielt mich das alles nicht davon ab, weiterzuschreiben. Ich weiß gar nicht mehr, ob Alexander während dieser Zeit ein komplettes Manuskript an einen Verleger geschickt hatte. Genügend Material war vorhanden gewesen, das wiederum weiß ich noch ganz genau.

Dann traten verschiedene Veränderungen in meinen Lebensumständen ein, die dazu führten, dass der

Kontakt zwischen uns für einen Zeitraum von mehreren Jahren gänzlich verebbte.

Während dieser Zeit schrieb ich, wenn überhaupt, dann nur sehr wenig. Jedenfalls erinnere ich mich nicht an irgendwelche Texte, die ich nach dem Jahre 2001 verfasst hatte,

in der Hoffnung, irgendwann einmal etwas davon einer Öffentlichkeit vorzuführen, die meinen Namen vermutlich bisher weder irgendwo gehört noch irgendwo gelesen hatte.

Eine freudige Nachricht von Alexander erreichte mich allerdings 2005. Doch bin ich nicht mehr dazu imstande, den genauen Zeitpunkt nach so vielen Jahren noch exakt zu datieren. Möglicherweise war es irgendwann im Frühjahr oder im Sommer.

Kann auch während des Herbstes mit seinen vom gesprenkelten Laub farbig verzierten Buchen, Eichen oder Ahornbäumen gewesen sein, genau wie auch im Winter, der seine Landschaften damals noch häufiger tief verschneit wie mit leuchtendem Puderzucker überzogen, präsentierte.

Oder halt irgendwo dazwischen, ich bekunde in der Hinsicht schlicht und einfach blankes Nichtwissen. Alexander erzählte mir jedenfalls, er habe meine prall mit Kurzgeschichten gefüllte Anthologie an einen Verleger geschickt, dessen Postanschrift er sich über den Internetanschluss der städtischen Bibliothek besorgt hatte. Was für eine, zumindest anfängliche, Freude dabei aufkam, handelte es sich doch um eine eindeutige Zusage!

So trafen wir uns wieder. Alexander und Ich. Allerdings wurde meine überschwängliche Euphorie ziemlich schnell wieder in ihre Schranken verwiesen, als ich den Autorenvertrag des Verlages genau studierte. Dort hieß es nämlich, ich müsse eine Kostenbeteiligung von ungefähr 10.000 € leisten, damit mein Werk in Druck gehen könne.

Meine Vermutung, dass ein sogenannter „Verleger", welcher von seinen Autoren eine derart hohe finanzielle Eigenbeteiligung verlangt, den allergrößten Schund publiziert, sofern sein Autor das entsprechende Sümmchen aufbringt, wurde mir von meinem angestammten Buchhändler, der sich natürlich in solchen Dingen auskannte, eindeutig bestätigt.

Demzufolge unterschrieb ich den entsprechenden Vertrag nicht. Stattdessen las ich mir das Manuskript noch einmal komplett von vorne bis hinten durch. Was bleibt mir an dieser Stelle noch zu sagen? Ich fand es schlecht. Ziemlich schlecht.

Klar hatte ich meine Freude daran gehabt, die Geschichten zu Papier zu bringen, nichtsdestotrotz musste ich mir die Tatsache eingestehen, dass keine einzige der Kurzgeschichten auch nur ansatzweise so etwas wie Verlagsreife besaß. Das war nun einmal die bittere Realität!

Dem folgte eine lange Zeit, in der ich das Interesse am Schreiben gänzlich verloren zu haben schien. Der Kontakt mit Alexander war erneut im eigenen Sande verlaufen, trotz langjähriger Freundschaft. Drogenprobleme, die mich auch in der Vergangenheit von Mal zu Mal plagten, begannen wieder einmal die Oberhand zu gewinnen.

Ende 2007, ich befand mich als stationärer Patient aufgrund der Probleme in einer Klinik, erwachte in mir erneut der Wunsch, Schriftsteller zu werden und mein imaginäres Publikum mit meinen Geschichten zu unterhalten.

Also begann ich des Nachts, sehr zum Leidwesen meines Zimmergenossen, mit dem Verfassen mehrerer Kurzgeschichten. Die älteste Story aus dieser Phase trägt den Titel *Der Unglücksrabe* und ist etwas mehr als zwei Jahre später in der Heftreihe *Dunkle Seiten* erschienen.

Nachdem ich aus der Klinik mit einem ordentlichen Stapel vollgeschriebener Seiten entlassen worden war, nahm ich wieder Kontakt mit Alexander auf.

Ich lebte nun, wieder einmal, bei meinen Eltern, in der Hoffnung, mein komisches Leben wie auch meinen mentalen Zustand, nach allen Regeln der Kunst wieder in den Griff zu bekommen.

Gott segne die liebe Familie! Dort jedenfalls hatte ich ohne Probleme Zugang zu den Weiten des Internets. Alex nannte ebenfalls einen DSL-Anschluss sein Eigen, weshalb einem regelmäßigen Verkehr per Mail nichts im Wege stand.

Angestachelt durch zahlreiche Mails, die wir uns nahezu täglich um die Ohren hauten, entdeckte mein langjähriger Freund auch bald wieder die Freuden des Wortgeschehens.

So geschah es, dass wir beide mit einer Geschichte an einem Wettbewerb bei einem unabhängigen Kleinverleger teilnahmen. Es wurden Kurzgeschichten für eine Anthologie zum Thema „Grusel" gesucht. Da dies noch immer mein Hauptthema war, hatte sich im Laufe der Zeit bei mir in der Hinsicht einiges an geschriebenem Material angesammelt.

Ein feierliches Erlebnis. Wir hatten es beide geschafft. Unsere erste Veröffentlichung! Der genaue Wortlaut der Mail von Alex, in welcher er seine Freude über dieses Erfolgserlebnis kundtat, will mir in diesem Augenblick nicht einfallen.

Ich weiß nur noch, dass ich gerade mein Postfach geöffnet hatte, um meinem Freund in heiter gestimmten Worten dasselbe mitzuteilen, denn auch ich hatte eine Mail vom Verlag bekommen, in der es hieß, man wolle meine Geschichte mit dem Titel *Flimmerkiste* in die Anthologie aufnehmen.

Nicht einmal an den Betreff der Mail von ihm erinnere ich mich noch, lediglich an die Tatsache, dass durch eben diesen auf der Stelle offensichtlich war, welchen Inhalt diese Nachricht haben dürfte. Und richtig, dort stand schwarz auf weiß geschrieben, dass Alexander ebenfalls mit einem Text in der Anthologie vertreten war.

Seine Geschichte hieß *Als du mich riefst*, welche er allerdings unter einem Pseudonym veröffentlichte. Ich hingegen halte nichts von Pseudonymen. Wer sind wir, ohne unseren richtigen Namen? Nun ja, er hatte einen triftigen Grund dafür, doch dieser kann und sollte an dieser Stelle unerwähnt bleiben.

Damit hatte sich für uns beide der Traum erfüllt, Schriftsteller zu werden. Nur mit dem Erfolg wollte es nicht so richtig klappen. Wir waren noch immer reichlich naiv.

Bei der Ausschreibung zu dem Wettbewerb hieß es, als Preis gäbe es einen Verlagsvertrag auf Honorarbasis. Also gingen wir tatsächlich davon aus, dass jeder Autor, der zu den Siegern gehörte, bei diesem Verlag auf unbestimmte Zeit als Autoren unter Vertrag stehen wird. Noch heute beharre ich darauf, dass die Ausschreibung so formuliert war, dass man auf diesen Schluss kommen müsste. Die Tatsache, dass es bei dem wenig später zugesandten Vertrag nur um den einen veröffentlichten Text handelte, habe zumindest ich, wenn überhaupt, nur am Rande wahrgenommen. Allzu häufig sieht man in der anfänglichen Euphorie eben nur das, was man sehen will.

So entstanden also weitere Geschichten, denn mein Plan war, da ich ja jetzt (wie ich glaubte) bei einem Verleger unter Vertrag stand, eben diesem Verleger ein Manuskript mit Kurzgeschichten anzubieten.

Besagtes Manuskript hörte schon wieder auf den Namen *Grabeskälte* und ich mag diesen Titel noch immer. Ich schwöre, bei allem, was mir heilig ist, eines schönen Tages werde ich eine Sammlung mit Kurzgeschichten veröffentlichen, die ganz genauso heißt.

Wir schrieben das Jahr 2009, nächtelang hatte ich mich mit meinen Geschichten abgerackert. Irgendwann im Oktober war es schließlich so weit. Der Verlag bekam meine Anthologie *Grabeskälte – Unheimliche Geschichten* zu sehen. Schon einen Tag später erhielt ich vom Geschäftsführer des Verlages eine Mail, in der es hieß, man hätte in Sachen Horror bereits eine sehr vielversprechende Publikation in Vorbereitung und man wolle sich in diesem Genre zunächst einmal etablieren.

Mit anderen Worten:

Man lehnte dankend ab, ohne ein einziges Wort meines literarischen Erzeugnisses auch nur mit einer einzigen Arschbacke anzuschauen. Eine Absage, schön und gut. Damit konnte ich leben.

Aber nicht so. Schließlich hatte ich zuvor schon mit dem Verleger über eben dieses Manuskript in mehreren Mails mehr als nur ein Wort verloren. Hätte man mir vorher gesagt, dass man zunächst kein weiteres Material aus diesem Genre verlegen wolle, hätte ich mir die Mühe gespart, möglicherweise gleich einen Roman geschrieben.

Auch Alexander war ziemlich enttäuscht und wollte mit diesem Verleger nichts mehr zu tun haben. Die

Schreiblaune war uns glücklicherweise trotz dieses Tiefschlages nicht abhandengekommen. Ich war zunächst damit beschäftigt, einen Roman namens *Die Verfluchten* zu schreiben, einer ziemlich bluttriefenden Vampirgeschichte, die nicht wirklich gut lief.

Schon im Jahre 2008 hatte ich mit dem *Balaar Mythos* begonnen, einer epischen Fantasy-Reihe, wenn man es so nennen will.

Ich arbeite noch immer daran, doch es liegen lange Pausen zwischen den einzelnen Passagen und ich habe meine Zweifel daran, dass ich dieses große Werk in diesem Leben irgendwann einmal fertig bekomme.

Zu ungeordnet ist der Zustand des aktuellen Manuskriptes. Es müsste noch ziemlich viel von dem Text neu bearbeitet und zum Teil komplett umgeschrieben werden.

Mein Schreibstil von damals und meine gegenwärtige Schreibe unterscheiden sich dermaßen stark voneinander, dass der *Balaar Mythos* alles andere als homogen wirkt,

was davon geschrieben steht, scheint eher wie eine lose Sammlung von Geschichten und Erzählungen, verfasst von unterschiedlichen Autoren. Was daraus wird, muss ganz einfach die Zeit zeigen.

Zusätzlich arbeitete ich an einem okkulten Horror-Roman, der zunächst *Sieben Dienerinnen* hieß.

Alexander schrieb Kurzgeschichten, arbeitete zusätzlich dazu noch an einem ziemlich großen Fantasy-Roman und ich behaupte noch immer, dass viele der Texte, die er während dieser Zeit schrieb, mit zu seinen besten Schriften gehören.

Leider hat er bis heute nichts davon veröffentlicht. Im Jahr 2010 wurden meine beiden Kurzgeschichten *Mister Allgegenwärtig* und *Der Unglücksrabe* in der Reihe

Dunkle Seiten im Twilight-Line Verlag publiziert. Zugleich ließ ich den Roman mit den Vampiren endgültig fallen,

weil die Geschichte schlicht und ergreifend zu unausgereift war und nach einer derart umfangreichen Bearbeitung schrie, dass mir bereits bei dem Gedanken daran die Lust gänzlich abhandenkam.

Wenn ein Autor zu seiner eigenen Geschichte keinen Bezug aufbauen kann, handelt es sich mit tödlicher Sicherheit um ein schlechtes Werk. Aus *Sieben Dienerinnen* wurde schließlich der Roman, welcher im Jahre 2011 unter dem Titel *Der Orden des Feuers* im NOEL-Verlag veröffentlicht wurde.

Daran zu schreiben hatte mir eine Menge Freude bereitet. Ich erinnere mich noch an so manche schweißtreibende, von Wutanfällen und jeder Menge Lacher durchsetzte Nachtschicht. Der Plot entwickelte sich zunächst recht zügig.

Das ganze Jahr 2010 arbeitete ich unermüdlich an diesem Roman, natürlich nicht ohne so manchen Tiefpunkt. Ich erinnere mich noch gut daran, dass ich zum Ende dieses Jahres,

kurz vor der Silvesternacht, beinahe ein weiteres Mal in ein tiefes Loch fiel. Von meinem Manuskript war mehr als die Hälfte fertiggestellt, als mich ein grauenhafter Albtraum, der mich erneut an eine furchtbare Dummheit meinerseits erinnerte, in eine schwere psychische Krise stürzte.

Danach war ich wie gelähmt, konnte einfach nicht mehr schreiben. Wenn doch, dann war das Resultat am Ende absolut unbrauchbar und ich musste mehrere Seiten wieder verwerfen. Ich befürchtete schon, dass mir nun eine längere Schreibblockade bevorstehen würde. Glücklicherweise jedoch zähle ich zu den Menschen, denen in solchen Situationen oft die absurdesten Einfälle in den Sinn kommen.

So auch dieses Mal. Mein von Depressionen, Drogen und allerlei irren Eskapaden gezeichneter Verstand brachte mich doch tatsächlich auf die Idee, einen eigenen Verlag zu gründen!

Natürlich teilte ich Alexander diese Idee mit. Dass dieser dafür sogleich Feuer und Flamme war, braucht wohl nicht extra erwähnt zu werden.

Allerdings wollte ich mit dem eigenen Verlag keine Bücher in gedruckter Form publizieren. Mein Augenmerk lag damals auf Hörbüchern, auch wenn ich selbst von diesem Medium bisher kaum etwas mitbekommen hatte,

demzufolge also in der Hinsicht nicht wirklich mit eigener Erfahrung trumpfen konnte.

Nur war ich gleichwohl der Ansicht, dass der Aufwand sich für einen Hobbyisten in Grenzen halten würde, wenn man den Vergleich mit gedruckter Lektüre zieht. Die entsprechende Software, mit der die Möglichkeit besteht, die eigene Stimme aufzuzeichnen und das Ergebnis nachher entsprechend zu bearbeiten,

glänzt im digitalen Zeitalter mit bloßem Vorhandensein, demzufolge dürfte jeder, der einen PC sein Eigen nennt, dazu in der Lage sein, ein derartiges Vorhaben in die Tat umzusetzen. Nichtsdestotrotz scheiterte meine Idee an der Durchführbarkeit.

Im Nachhinein denke ich, dass mir dies eigentlich von vornherein hätte klar sein müssen. Fakt ist allerdings, dass dieser Einfall mir half, meine Krise zu einer Nichtigkeit zu erklären.

Mein Roman flutschte zwar nicht mehr wie am Anfang, dennoch bestand wieder Hoffnung, dass ich es schaffen würde, mein Werk zu einem mehr oder weniger würdevollen Abschluss zu verhelfen. Auch die nur kurze Zeit später eintretende Konfrontation mit der harten Realität, die besagte, dass zwei erwerbsunfähige, psychisch beeinträchtigte Vollzeitlooser nicht einfach mal einen eigenen Verlag aus der Taufe zu heben imstande sind, tat meiner Schreibe keinen Abbruch.

Nun waren wir beide bestrebt, einfach so weiterzumachen, wie bisher. Wir wollten zu dieser Zeit, es war die erste Hälfte des Jahres 2011, sogar einen gemeinsamen Roman verfassen.

Daraus wurde allerdings nichts, zu unterschiedlich waren unsere Schreibstile wie auch der persönliche Geschmack. Somit wären wir nie auf einen gemeinsamen Nenner gekommen.

Ich weiß noch, dass Alexander irgendwann seinen Roman *Ein tödliches Erbe* als EBook veröffentlicht hatte, aber fragen Sie mich jetzt bitte nicht, wann genau das war. Das alles liegt schon so lange zurück. Aber es war eine rundum lustige Zeit.

Er hat diesen Roman immer als Thriller bezeichnet, wobei allerdings die witzigen Elemente eindeutig überwogen. Die erste Fassung der Geschichte, die allerdings nur ich gelesen hatte und die nie irgendwo veröffentlicht wurde, war sogar zum Teil dermaßen grotesk, dass man den Text kaum noch ernst nehmen konnte.

Was mich betrifft, so arbeitete ich unermüdlich an meinem Roman weiter und veröffentlichte die Kurzgeschichte *Ware erster Qualität* im vierten Band der Reihe *Dunkle Seiten*.

Da ich mir für die Aufnahme unserer Hörbücher, die nie zustande gekommen waren, ein Mikrofon gekauft hatte, verlief der Mailverkehr zwischen Alex und mir nun in

Form aufgenommener Sprachdateien, was zu Anfang für eine gewisse Abwechslung sorgte.

Am 01. September 2011 war es dann so weit. Der Horror-Roman *Der Orden des Feuers* erblickte das Licht der Welt, etwas mehr als eine Woche vor meinem 32. Geburtstag, kurz nach meinem Umzug in eine neue Wohnung. Von einem großen Erfolg konnte jedoch nicht die Rede sein.

Zugegeben, ich bin im Nachhinein nicht besonders stolz auf meinen Erstlingsroman. Dennoch befinden sich darin auch einige Szenen, die ich heute noch als grandios bezeichnen würde.

Das Ende ist mir allerdings überhaupt nicht gelungen und ich wünschte mir, ich hätte bei der Ausarbeitung meiner Protagonisten etwas mehr Sorgfalt walten lassen. Heute hätte ich den Roman in dieser Form sehr wahrscheinlich nicht veröffentlicht.

Andererseits bin ich mir sicher, dass es wohl ziemlich vielen Autoren mit ihren späteren Werken so ergeht. Das ist auch gut so, ansonsten wäre man in der Entwicklung vermutlich irgendwo stehen geblieben.

Ausruhen kam für mich nicht in Frage. Ich begann bereits kurze Zeit später am zweiten Roman zu arbeiten, den ich jedoch bereits 2012 abbrach. Möglicherweise existieren irgendwo noch Teile daraus, ich weiß es nicht. Von einer Fernsehshow, die sich in einem verfallenen Spukhaus abspielt, war in der Geschichte die Rede.

Doch dieser Roman wollte mir einfach nicht gelingen, er besaß nicht einmal einen Titel, weder damals noch in der Gegenwart. Nein, ich werde diese Story nicht wieder aufnehmen.

Und ich werde auch keinen Text daraus, sofern noch vorhanden, an irgend einer Stelle für irgendwas verwursten. In den nächsten Jahren schrieb ich so manches, woraus am Ende nichts wurde. Einige Ideen waren gar nicht mal so übel. Zwischendurch nahm ich hin und wieder meinen *Balaar Mythos* wieder auf, ohne jedoch die Geschichte wirklich weiterzubringen.

Als ich vor etlichen Jahren die ersten Worte von diesem Epos niederschrieb, wollte ich daraus mein Lebenswerk machen. Warum, wieso und weshalb? Ich gehe jetzt einfach mal von einer damaligen Überzeugung aus, als Schriftsteller auf Biegen und Brechen unbedingt an einem gigantischen Mammutwerk wie diesem arbeiten zu müssen.

Wenn es eine solche Überzeugung gab, so kann ich diese heute nicht mehr zur Gänze teilen.

Heute schaut man einfach, was dabei herauskommt. Und wenn gar nichts dabei herauskommt, so ist das durchaus in Ordnung. Künstlerisches Schaffen lässt sich nur schwer im Voraus kalkulieren. Andernfalls entstehen Werke, die wirken wie gezwungen und in eine bestimmte Richtung gepresst, also im Großen und Ganzen nicht sonderlich zufriedenstellend. Solche Ergebnisse frustrieren ganz ungemein. Trotzdem, in Sachen *Balaar Mythos* ist das letzte Wort noch nicht gesprochen.

Ich glaube, es war 2013, möglicherweise auch schon das Jahr zuvor, als ich an *Kitty* zu arbeiten begann. Hier handelte es sich um einen ziemlich düsteren als auch dystopischen SF-Thriller, der ebenfalls wieder wie ein Kartenhaus in sich zusammenfiel.

Manches davon war sicher nicht schlecht und existiert vermutlich auch noch auf diversen Datenträgern, aber ein Festplattenschaden hat leider auch einiges, was ich niederschrieb, vernichtet.

Irgendwann zum Ende 2014 veröffentlichte ich die Kurzgeschichte *Cognac zum Frühstück* in einer

Anthologie mit dem Titel *Sie sind auferstanden* im net-Verlag.

Beim NOEL-Verlag, welcher bereits meinen Debütroman publiziert hatte, nahm ich im selben Jahr an der Ausschreibung *Weltentor* teil, mit der Geschichte *Der verfallene Tempel*, die ebenfalls in die entsprechende Anthologie gelangte. Beide Texte stammten aus der Kurzgeschichtensammlung *Grabeskälte*, die ja damals vom Verleger abgelehnt wurde.

Im Nachhinein bin ich allerdings froh darüber, gab es doch mehrere Geschichten darin, die ich mittlerweile als mittelmäßig bis schlecht bezeichnen würde. Auch heute vermag ich nicht eindeutig zu sagen, ob ich zu selbstkritisch bin, oder nicht, geschweige denn, ob sich die Fähigkeit die eigenen Schriften objektiv wie subjektiv zu kritisieren zu meinem Vorteil auswirkt. Wer selbst schriftstellerisch tätig ist, weiß vermutlich ganz genau, was ich meine.

Dann besteht noch die Möglichkeit, dass diese Eigenschaft nicht in meinem Schreiben zu suchen ist, sondern viel mehr darin, dass ich mich zu den Personen zähle, die jederzeit alles von der kleinsten Kleinigkeit bis hin zum bedeutendsten Weltereignis hinterfragen. Eventuell ist es als Autor auch so etwas wie eine Berufskrankheit, in Frage zu stellen, zu bewerten und neu zu bewerten, immerfort im ewigen Wandel.

Danach war ich erst einmal vollkommen unproduktiv. Ich war leer und völlig ausgeschrieben. Wenn ich irgendwann im Jahr 2015 etwas schrieb, so fehlt mir jegliche Erinnerung daran.

Das änderte sich allerdings im folgenden Jahr. Ich erlitt einen schweren Zusammenbruch, der mir einen mehrmonatigen Aufenthalt in einer Psychiatrie einbrachte. Dort kehrte meine Schreiblust mit geballter Ladung zurück.

Auf meinem Zimmer schrieb ich Gedichte. So manche davon sind in einem Buch erschienen, welches ich *Lisa & Eliaz* genannt habe, nach jenem Gedicht, welches ich in meiner ersten Nacht auf der geschlossenen Station in der Psychiatrie mit einem gewöhnlichen Kugelschreiber auf ein Blatt Papier kritzelte. Ein Auf und ein Ab war die Freundschaft mit Alex. Meine Eltern und Chantal, meine beste Freundin, besuchten mich regelmäßig in der Klinik.

Mit Alexander habe ich während dieser Zeit telefoniert, ehe der Kontakt (wieder einmal) unvermittelt abbrach, woran ich dieses Mal nicht unschuldig war, was mir gleichwohl im Nachhinein leid tut. Alle soeben genannten Menschen haben sich die Widmung dieses Buches verdient. Ohne sie hätte mein Leben einen geringeren Wert.

III

Niedergeschriebene Geschichten sind essentiell. Ob Theaterstück, Film oder Videospiel, ohne die Vorarbeit eines Autors, der die Geschichten zu Papier bringt, vermag nichts zu entstehen.

Ob die umgekehrte Reihenfolge in zufriedenstellender Weise funktioniert, wage ich hingegen zu bezweifeln. Gleichwohl sei hier erwähnt, dass ich persönlich nur eine geringe Erfahrung als Leser zu verbuchen habe, betreffend Romanen, welche aus Filmen entstanden sind.

Ich habe mal *Der mit dem Wolf tanzt* gelesen und fand das Buch fürchterlich. Derart fürchterlich, dass ich mich nicht einmal zuverlässig an den Namen des Autors erinnern kann. Ich glaube, der Mann, der das verzapft hat, hieß William Blake, aber die Hand würde ich dafür nicht ins Feuer legen.

Der Film hat mir einigermaßen gefallen, obgleich ich mit der Thematik nicht wirklich viel anfangen kann. Doch der Roman war dermaßen schlecht, dass ich diese Lektüre bereits vor der hundertsten Seite abbrach. Eventuell tue ich seinem Autor unrecht, vielleicht versteht dieser sein Handwerk sogar ausgesprochen gut, war jedoch mit der literarischen Umsetzung dieses Filmes schlicht und ergreifend überfordert.

Jedoch gab es auch für den Film *Der mit dem Wolf tanzt* mit tödlicher Sicherheit ein vollständiges Drehbuch und ich gebe gern zu, dass ich absolut keine Ahnung habe, ob man dieses jetzt einfach entsprechend editiert hat, um einen Roman daraus zu machen.

Fakt ist, dass ich keinerlei Interesse mehr am sogenannten *Buch zum Film* habe, da müsste sich schon jemand ein herausragendes Meisterwerk vornehmen und eine literarische Umsetzung erschaffen, die sich in vielen Punkten von der Filmvorlage unterscheidet, um mich aufhorchen zu lassen.

Anders sieht die Sache jedoch mit Mangas aus. Ich halte *Battle Royale* auch heute noch für ganz großes Kino aus dem Land des Lächelns, der Manga, welcher dem Film folgte, steht nach wie vor ziemlich weit oben auf meiner Wunschliste.

Doch fällt der Manga eher in die Rubrik Comic, wird demzufolge schon in seinen Grundzügen gänzlich anders umgesetzt als ein Roman. Nichtsdestotrotz geht die Erwähnung von *Battle Royale* kein Stück am Thema vorbei, handelt es sich doch definitiv um eine der genialsten Geschichten, welche je außerhalb irgendwelcher profitgierigen Produktionsstudios in den USA erfunden wurde.

Betrüblicherweise wird in heutigen Tagen auf Profit deutlich mehr wert gelegt, als auf Dinge wie Anspruch und Aussagekraft.

Doch wofür schreibt ein Autor letztendlich, was ist der Zweck des Ganzen? Wenn es darum geht, sich selbst zu verwirklichen, darf der resultierende Gewinn keine große Rolle einnehmen.

Wenn man sich Geschichten ausdenkt, um von deren Verdienst seinen Lebensunterhalt bestreiten zu können, muss man stets den aktuellen Trends folgen und dabei beständig mit der Zeit gehen.

Man müsste sich immer und immer wieder zügeln, was Wortwahl und Inhalt betrifft, zugunsten von Massenkonformität den persönlichen Stil beschneiden. Diesen Umstand betrachte ich sowohl als Leser als auch als Autor als ausgesprochen ärgerlich. Wirklich gute Bücher sind rar in diesen Tagen.

Welcher profitorientierte Verleger der Gegenwart würde heute noch den bereits erwähnte Roman *Hundejahre* (Günter Grass) auf eigenes Risiko publizieren?

Ohne jeden Zweifel ein ganz großes Meisterwerk, für das sich in der heutigen Zeit vermutlich trotzdem niemand mehr interessiert. Kulturelle Werte werden von Generation zu Generation zunehmend unwichtiger, wie es scheint. Medieninteresse verlagert sich mehr und mehr in soziale Netzwerke.

Ein Umstand, der nicht ausschließlich als Nachteil zu bewerten ist, schließlich ist es dadurch um ein Vielfaches einfacher geworden, im Netz auf neue Errungenschaften der Kulturlandschaft hinzuweisen.

Da aber andersherum jedermann von Nebenan seine Stimme erheben kann, zugleich jedoch nur ein geringer

Prozentsatz der Bevölkerung selbst in irgendeiner Weise künstlerische Aktivität an den Tag legt, liegt der Fokus mehr auf einfach gestrickter, massentauglicher Unterhaltung.

Um Missverständnissen vorzubeugen: Ich habe absolut nichts gegen leichte Unterhaltung, ganz im Gegenteil. Ein Jeder benötigt immer mal wieder die Möglichkeit, einfach die Seele baumeln zu lassen,

dabei das Gehirn abzuschalten mit Büchern, Animes, Filmen, Computerspielen oder auch Theaterstücken, die lediglich unterhalten, ohne dabei den Geist weiter zu fordern. Dennoch erlaube ich es mir, gewisse Ansprüche zu stellen und mache dabei kein Geheimnis daraus, dass diese nicht nur in Bezug auf Kunst, sondern auch was konventionelle Unterhaltung betrifft, vor allem eines sind: echt verdammt hoch!

Während die Ansprüche der breiten Masse offenbar von Generation zu Generation auf ein immer niedrigeres Niveau heruntergeschraubt werden. Oder ist dies jetzt lediglich ein subjektiver Eindruck einer einzelnen Person, nämlich mir selbst?

Wo hört Kunst auf, wo fängt Unterhaltung an? Schwer zu sagen. Es gibt sowohl Unterhaltung, der man guten Gewissens zugleich auch den Kunststempel aufdrücken kann, genau wie es auch Kunst gibt, die vorzüglich zu unterhalten vermag. Eine klare Grenze zu ziehen scheint hier nicht möglich.

So würde ich zum Beispiel den Roman *Shining* (Stephen King) eindeutig als einen Unterhaltungsroman bezeichnen, zugleich bin ich überzeugt, dass es sich bei diesem Stück Literatur um ein Kunstwerk handelt, aufgrund der außerordentlich detailreich ausgearbeiteten Charakterisierung der Protagonisten.

Der subtile Spannungsaufbau tut sein Übriges, es dauert seine Zeit, bis die Geschichte in Fahrt kommt und sich am Ende das pure Grauen entlädt.

So mancher möge mir vermutlich widersprechen und *Shining* nicht als ein Kunstwerk betrachten, wohl aber als reine Unterhaltungsliteratur. Kunst liegt halt auch immer im Auge des Betrachters. Ist es nicht schön, dass in dieser unseren mit Kultur bereicherten Welt unterschiedliche Sichtweisen das Geschehen im stetigen Fluss halten?

Doch rückt wirkliche Kunst heutzutage mehr und mehr in die Ferne, die Trends gehen in eine andere Richtung. Meine Schwester und Ich bekamen damals von unserer Mutter *Ronja Räubertochter* (Astrid Lindgren) vorgelesen, während die Kinder der jetzigen Generation anderen Geschichten lauschen. Nicht zwangsläufig schlechteren, aber doch anderen.

Romantik und Klassik
oder
Der Taugenichts und der Zauberlehrling

Die Novelle *Aus dem Leben eines Taugenichts* von Joseph von Eichendorff aus dem Jahre 1826 erzählt von dem Sohn eines Müllers, der von seinem Vater ein Taugenichts geschimpft und des Hauses verwiesen wird.

Der Junge zieht mit seiner Geige in die Welt hinaus. Zwei Schlossdamen nehmen ihn auf ihrer Kutsche mit auf ihr Schloss in Wien. Von Beginn an schlägt das Herz des Taugenichtses für die Jüngere der beiden Frauen. Als Gehilfe des Gärtners im Wiener Schloss oder auch als Weggefährte Leonardo Da Vincis erlebt der Taugenichts zahlreiche Abenteuer, bis sich schließlich seine große Liebe zu Aurelie erfüllt.

Im Gegensatz zu den großen Werken der Weimarer Klassik von literarischen Größen wie Johann Wolfgang von Goethe, Friedrich Schiller oder Christoph Martin Wieland, betont Joseph von Eichendorff in seiner Novelle *Aus dem Leben eines Taugenichts* den romantischen Aspekt.
Der Freiheitsdrang und die Sehnsucht nach der großen Liebe seines Protagonisten nimmt in diesem Werk eine zentrale Rolle ein.
Doch worin genau liegt die Bedeutung des Begriffes Romantik? Wo liegen die Unterschiede zwischen Romantik und Klassik?
Und vor allem: Was genau macht die Atmosphäre im Taugenichts romantisch? Auf den folgenden Seiten werde ich versuchen, diese Fragen so gut wie möglich

zu beantworten. Was natürlich nicht bedeuten soll, dass am Ende nicht doch die ein- oder andere Frage offen bleibt. Doch, was ist Literatur? Das Leben! Und was wäre ein Leben ohne Fragen?

Wer ist der Taugenichts?

Man könnte diese Frage ganz einfach beantworten, in dem man sagt: Des Müllers Sohn der Taugenichts ist ein namenloser Held, der sinnbildlich gesehen den Freiheitsdrang und die Abenteuerlust repräsentiert, die in jedem von uns schlummert.

Anstatt sich tagein tagaus in Vaters Mühle den Buckel krumm zu schuften, besitzt der Taugenichts das Streben danach, die Vollkommenheit des Lebens kennenzulernen.

Ich selbst kann mich zeitweise mit eben diesem Charakter identifizieren, da es schon immer mein Traum war, ist und sein wird, freischaffender Künstler zu werden.

Nur ist die Geige in meinem Fall eine PC-Tastatur, auf der ich die Worte kommen lasse, wie sie sich zu entfalten vermögen. So wünsche ich es mir zumindest.

Nur ist mir natürlich klar, dass man zur heutigen Zeit in einer materiell orientierten Gesellschaft nicht vom bloßen Wortgeschehen allein seinen Lebensunterhalt bestreiten kann. Man muss sich anpassen, wenn man ein Teil der Gesellschaft werden will.

Als Taugenichts hat man da nichts verloren. Doch traf dies in großen Teilen auch auf das 19. Jahrhundert zu, in der sich die in dieser Novelle erzählte Geschichte zugetragen hat.

So kann man Eichendorff sein Werk durchaus als eine Form des Protestes gegen die materiell und gewinnorientierte Gesellschaft ansehen. Der Protagonist dieser Novelle, der Taugenichts, ist demzufolge in etwa der Sid Vicious des 19. Jahrhunderts.

Welche Rolle spielte der Müller?

Der Vater des Taugenichts scheint, da er nur wenig in der Geschichte auftaucht, eine eher geringe Rolle zu spielen. Doch, wie ich schrieb: scheint. In Wahrheit spielt der Müller sogar eine wichtige Schlüsselrolle, steht sein Charakter doch im deutlichen Kontrast zu seinem freiheitsliebenden, abenteuerlustigen Sohn: ein Mann, der von morgens bis abends nur von seiner harten Arbeit in der Mühle lebt.

Der Müller sieht nicht, was es außerhalb seines kleinen Universums alles gibt. Die Schönheit der Details und die zahlreichen kleinen Dinge, mit denen die Welt vollgestopft ist, interessieren ihn nicht. Er stellt sich keine Fragen in Bezug auf die Größe und den Reichtum der Welt. Ganz im Gegensatz zu seinem Sohn.

So schimpft er diesen einen Taugenichts, doch ist diese Bezeichnung wirklich gerechtfertigt? Nachdem er den Jungen mit seiner Geige und ein paar Groschen aus dem Hause wirft, zieht dieser in die weite Welt hinaus und sucht sein Glück.

Oder, besser: er sucht es nicht nur, er findet selbiges auch. Und lernt dabei eine ganze Menge, gewinnt Lebenserfahrung als auch geistige Reife. Im Gegensatz zu dem Müller, der noch immer das engstirnige Leben eines Philisters führt.

Doch am Ende der Novelle, besitzt der Taugenichts erheblich mehr Lebenserfahrung, als der Müller sie je besessen hat.

So wird sich dieser denn mit hoher Wahrscheinlichkeit charakterlich beträchtlich weiterentwickeln und in späteren Jahren möglicherweise Großes vollbringen. Vielleicht als Komponist bedeutender klassischer Werke, Sinfonien und Tänze, dessen Musik noch Jahrhunderte später in gigantischen Philharmonien gespielt wird.

Das alles ist natürlich reine Spekulation. Worauf ich hinaus will, ist die Tatsache, dass der Taugenichts eventuell nie so weit gekommen wäre, wenn sein Vater ihn nicht eines Tages aus dem Hause geworfen hätte. Weshalb der Müller in dieser Geschichte eine äußerst wichtige Rolle spielt, möglicherweise sogar genauso wichtig, wie der Taugenichts selbst, auch wenn er in diesem Buch kaum in Erscheinung tritt.

Welcher Moment markierte einen markanten Wendepunkt?

Als der Taugenichts mitbekommt, wie seine geliebte Aurelie auf dem Balkon mit einem Offizier redet, glaubt er, dass die beiden ein Paar sind und sich seine große Liebe, seine schier unendliche Sehnsucht nach der schönen Frau nie erfüllen wird.

In der Geschichte lässt sich nur erahnen, welchen seelischen Schmerz der Junge in dem Moment durchmacht. Es wird ziemlich schnell berichtet, wie er sich nach Italien aufmacht.

Warum siegt in der Geschichte die Liebe?

Ganz banal könnte man jetzt einfach sagen: Weil es eine romantische Geschichte ist. Andererseits ist diese Aussage gar nicht so banal.

Würde es sich um eine Geschichte aus der Klassik handeln, könnte man sich ziemlich sicher sein, dass am Ende die Vernunft siegt.

Auch deshalb, weil in der Klassik auf das moralische Handeln der Protagonisten einen höheren Wert gelegt wird, während bei der Romantik gefühlsbetonte Aspekte im Vordergrund stehen.

Wo liegt der Unterschied zur Klassik

Johann Wolfgang von Goethe hat beispielsweise in seiner Ballade *Der Zauberlehrling* geschildert, wie ein Zauberlehrling sich der Macht seines Meisters bedient, dabei jedoch das Wort der Rückverwandlung vergisst. Die Folgen sind wohl bekannt, aber ich möchte meine Leser nicht mit Goethe langweilen, in dem ich munter aus seinen Werken zitiere. Wichtig ist vielmehr die Aussage, welche diesem Text innewohnt.

Eine freie Interpretation ist hier kaum möglich, was durch seinen Autor auch so beabsichtigt gewesen war. Goethe hat die freie Entfaltung des Einzelnen in diesem Werk als etwas Negatives dargestellt.

Ein Lehrling hat sich seiner Auffassung nach nicht der Macht zu bedienen, die in der Verantwortung des Meisters liegt.

Jegliche Kompetenz wird dem niedriger gestellten Individuum abgesprochen. Eine Ansicht, welcher ich mich in dieser Form beharrlich verweigere. Es ist immer erstrebenswert, eigene Erfahrungen zu machen, unabhängig vom Status.

Auch der Meister ist schließlich irgendwann einmal ein Lehrling gewesen, nicht wahr?

Als dieser hat er seinem Meister entweder gehorcht, oder eben nicht gehorcht. Nehmen wir einmal an, dass er brav gewesen ist, so ist dies dennoch keine Garantie dafür, dass er als Meister mit Unfehlbarkeit oder Untadeligkeit gesegnet wäre.

Mit anderen Worten: Derselbe Fehler, dem der Lehrling in Goethes Ballade widerfahren ist, hätte auch dem Meister widerfahren können, ober eben ein anderer Fehler.

Das darauf folgende Desaster wäre aber vermutlich noch weitaus schlimmer gewesen, da der Meister ja eben nie seine eigenen Erfahrungen gemacht hat, sondern bloß als Lehrling nach der Pfeife seines eigenen Meisters tanzte und nun mit der unvorhergesehenen Situation völlig überfordert ist, da in dem Fall nie die Erfahrung mit unvorhergesehenen Situationen gemacht wurde.

Statisch hierarchisches Denken und die Ablehnung der freien Entfaltung für Individuen mit niedrigerem Status, prägen zu großen Teilen das Bild der Autoren der Weimarer Klassik.

Menschen, die etwa aufgrund einer Behinderung nicht die volle Leistung zu erbringen imstande sind, werden hier gar nicht berücksichtigt, was bedeuten würde, dass jedem, der aufgrund einer gesundheitlichen Einschränkung sein Soll nicht zu erfüllen vermag, zugleich das Recht auf freie Entfaltung der Persönlichkeit abgesprochen wird.

Wer nichts leisten kann, bleibt auch ganz unten und wird auch immer ganz unten bleiben, wenn es nach dem Weltbild der Autoren (insbesondere dem außerordentlich unduldsamen Johann Wolfgang) der Klassik geht!

Eichendorffs *Taugenichts* steht dem entgegen, wurde deshalb natürlich von einem Goethe, dessen Werke auch in der Gegenwart eindeutig überbewertet werden, kategorisch abgelehnt.

Im Deutschunterricht in Schulen wird natürlich vorwiegend Klassik gelehrt und Romantik totgeschwiegen oder als unseriös deklariert (Ausnahmen bestätigen auch hier die Regel), da man den Schülern genau die Werte zu vermitteln gedenkt, die in unsere vom Kapitalismus verseuchte, hierarchisch kategorisierende Zweiklassengesellschaft passen.

Romantik bewertet im Gegensatz zur Klassik die Freiheit des Einzelnen, unabhängig vom Status, höher. Für mich als antikapitalistisch denkenden Sozialisten, hat deshalb die Romantik einen weit höheren Stellenwert, unter anderem auch deshalb, weil ich die Abkehr von konservativen Werten, die längst überholt sind, aber dennoch an vielen heutigen Schulen nach wie vor vermittelt werden, für äußerst wichtig halte!

Scheuklappen

Des einen Freud ist des anderen Leid. Diese umkehrbare Aussage beschreibt meines Erachtens ziemlich treffend eines der Grundprobleme der menschlichen Rasse. Die Menschen sind uneins vom Anbeginn ihrer Tage an. Ein Jeder sieht nur sich selbst, strebt nach der eigenen Zufriedenheit, welche jedoch nur von kurzer Dauer ist. Unser Bewusstsein ist individuell.

Wir alle sind, was wir sind. Wir alle sind eins, Teil eines gigantischen unendlich großen Ganzen dessen Summe um ein Vielfaches größer ist als ihre Teile.

Und doch sind wir individuell. Jeder von uns besitzt sein eigenes Bewusstsein, sein eigenes Weltbild, seine eigene Identität.

Dadurch entstehen Reibungspunkte. Die Geschichte der Menschheit besteht seit jeher aus einer Aneinanderreihung von Konflikten.

Da jeder Versuch, einen solchen Konflikt zu lösen, neue Konflikte hervorbringt, wird das Problem als Ganzes bis in alle Ewigkeit bestehen bleiben.

Jede Frage verlangt nach Antworten, jede Antwort bringt neue Fragen hervor. Ein nie endender Kreislauf vom Anfang bis zum Ende.

Doch was kommt nach dem Ende? Das glückselige Himmelreich? Der Neuanfang? Oder beginnt bloß alles von Vorne, wieder und wieder?

Fragen, auf die wir niemals eine korrekte Antwort zu finden imstande sind. Ein Jeder von uns ist ein Gefangener seines persönlichen Universums, aus welchem es kein Entrinnen gibt.

Dies ist vermutlich einer der Gründe, wenn nicht gar der Hauptgrund, wieso es auf die grundlegenden Fragen nach dem Sinn unserer Existenz keine befriedigenden

Antworten gibt und höchstwahrscheinlich während unserer ganzen kurzen Geschichte nie geben wird.
Glaube und Religion vermögen uns den rechten Pfad weisen, Antworten auf essentielle Fragen liefern. Antworten, die neue Fragen aufwerfen, Fragen die nach Antworten verlangen. Ein niemals endender Kreislauf, die ewige Suche.
Nimmer wird das Ziel offenbart, der Pfad führt ins Unbekannte, den Tod, der uns am eventuellen Ende wissen lässt, was wir suchen. Eine unermesslich starke Seele wohnt denen inne, die wahrhaftig glauben und danach handeln.
Fällt es doch in unserer gegenwärtigen Epoche immer schwerer zu vertrauen. Denn das Eine bedingt das Andere. Ohne Glaube, kein Vertrauen, ohne Vertrauen, kein Glaube. Wo immer das Gute sein Werk tut, gibt das Böse höhnisch grinsend seinen Senf dazu.
Doch ist das bloße Sein weder gut noch böse. Es ist beides. Gutes vermag sich in Böses zu verwandeln, doch Böses vermag ebenso Gutes hervorzubringen.
So kann Liebe zugleich auch Sehnsucht und Einsamkeit bedingen, genau wie Sehnsucht und Einsamkeit je nach den gegebenen Bedingungen durchaus positiv besetzt sein können. Und schon fangen wir damit an, die Dinge subjektiv zu betrachten. Ist nicht jeder Gott zugleich Teufel, wie auch jeder Teufel zugleich Gott?
Subjektivität ist objektiv, so sprach schon Woody Allen. Lag er damit richtig? So mancher möge dies bejahen, ein anderer wiederum verneinen.
Was wäre zum Beispiel, wenn die geistigen Gaben an sämtliche Individuen genau gleich verteilt wären? Richtig, wir würden alle dasselbe Wissen besitzen. Doch wären die grundlegenden Probleme des

intelligenten Lebens damit aus der Welt geschafft? Wären sie nicht!

Das Ego des Einzelnen steht dem nach wie vor im Weg. Ein Jeder würde sein Wissen für sich persönlich nutzen, ohne Rücksicht auf die Sichtweise anderer Individuen. Obgleich die geistigen Gaben gleich verteilt, jeder Einzelne also demzufolge auch das Wissen besitzen müsste, dass der Traum vom perfekten Menschen immer ein Traum bleibt, jegliche Ideologie zum Scheitern verurteilt ist,

gäbe es nach wie vor dieselben Reibungspunkte. Nationalsozialismus und Kommunismus würden trotzdem die Gesellschaft spalten. Es gäbe weiterhin eine linke Seite und eine rechte Seite.

Weil die Gier nach immer mehr Reichtum durch Wissen nicht ausgelöscht werden kann, wäre auch der Fortbestand des Kapitalismus gesichert.

Das Christentum und der Islam würden ebenso nebeneinander existieren und sich gegenseitig den Rang streitig machen wie Buddhismus, Hinduismus, Shintoismus und etliche weitere religiöse Strömungen. Die Menschen wären so uneins wie eh und je.

Der ewige Streit zwischen Pragmatikern und Dogmatikern würde ebenso fortdauern, wie es weiterhin unerschütterliche Fundamentalisten gibt,

die fleißig und aus Überzeugung die Welt in Schutt und Asche legen. Die von Psychologen und sonstigen Wissenschaftlern häufig als Filter bezeichneten Scheuklappen sorgen dafür, dass der Einzelne nur das sieht, was er sehen will, ohne sich darüber bewusst zu werden.

Sich über die Grenzen der eigenen Filter hinwegzusetzen, ist jedoch nur möglich, wenn wir uns der Tatsache bewusst sind, dass eben diese Scheuklappen existieren.

Es gibt mehrere Möglichkeiten dies zu erreichen, jedoch ist keine davon auf eine einfache Art und Weise zu handhaben. Der am leichtesten durchzuführende Weg sind psychedelische Substanzen, wie zum Beispiel LSD.

Man nimmt einfach eine solche Substanz ein und im Nu sind die Barrieren, welche unser Bewusstsein auf einen kontinuierlichen Strom einengen, zumindest teilweise buchstäblich wie weggeblasen. Ohne, dass man sich dafür großartig anstrengen müsste.

Die Sache hat jedoch einen Haken. Der Vorgang geschieht unkontrolliert und ist nicht steuerbar. Plötzlich und ohne jede Vorwarnung sieht man sich mit den eigenen Dämonen konfrontiert.

Eine solche Erfahrung kann eine sehr heilsame Wirkung auf den Geist haben, aber zugleich auch außerordentlich erschreckend auf das Individuum wirken.

Um aus diesem Erlebnis wertvolle Schlüsse ziehen zu können, müsste man dieses ins alltägliche Bewusstsein integrieren und sich mit dem Erlebten auseinandersetzen. Dieses ordentliche Stück Arbeit wiederum kann einem keine psychedelische Substanz abnehmen.

Da aber die meisten vor den eigenen Dämonen davonlaufen, weil der Mensch eben nur sieht, was er sehen will, ist das gar nicht so einfach.

So vermag LSD den Menschen zwar zeitweise von seinen individuellen Bewusstseinsfiltern zu befreien und mit seinem wahren Ich zu konfrontieren, doch was nützt das, wenn man die Scheuklappen nach dem Trip direkt wieder aufsetzt?

Dennoch wissen wir nach einem solchen Erlebnis um die Tatsache, dass unser alltägliches Bewusstsein andauernd gefiltert wird, um so die Stabilität unserer Wahrnehmung zu gewährleisten.

Das Wissen um diesen Mechanismus schafft so die Voraussetzung für die Bereitschaft, über den eigenen Tellerrand hinauszuschauen.

Aber eben nur die Bereitschaft. Die eigentliche Arbeit muss selbst getan werden. Ein ziemlich anstrengender als auch mühseliger Prozess, der zudem auch einiges an psychologischem Fachwissen erfordert, welches natürlich bei Weitem nicht jeder besitzt. Einfach nur eine Chemikalie schlucken in dem Glauben das (von selbst) etwas Weltbewegendes geschieht, kann nicht funktionieren. Das wäre wohl auch ein bisschen ZU einfach.

Eine andere Möglichkeit wäre die Deutung der eigenen Träume. Allerdings ist die Schwierigkeit, zu einem brauchbaren Ergebnis zu gelangen, mit Hilfe dieser Methode ebenso groß. Im normalen Tagesbewusstsein sehen wir nur das, was wir sehen wollen, verschließen unserer Augen vor der Wahrheit. Im träumenden Nachtbewusstsein sind eben diese Barrieren verschwunden, damit die ungeschönte Innenschau ungehindert ablaufen kann. Bis zum Erwachen. Schon greift unser Alltagsbewusstsein erneut zur Rosabrille, die auf dem Nachttisch neben dem Glas Wasser bereitliegt und setzt sie sich auf die Nase.

Doch wird es mit eben dieser Standardausstattung schwierig, unsere Träume richtig zu deuten, da die Rosabrille den Blick auf das Offensichtliche verschleiert, mit der Folge, dass wir das Geträumte so sehen, wie wir es sehen wollen.

Mancher möge nun einwenden, dass eventuell die Kombination der Traumdeutung mit einer psychedelischen Substanz dieses Problem zu lösen vermag.

In der Theorie ist das auch durchaus möglich. Nur kann niemand garantieren, dass der resultierende Trip dasselbe Material zum Thema hat, wie der Traum den man zu deuten wünscht. Mit hoher Wahrscheinlichkeit wird stattdessen eine vollkommen andere Tür aufgestoßen.

Wie man es auch anstellt, es ist nicht möglich, die im menschlichen Bewusstsein eingebauten Filter auf die Dauer zu umgehen. Demzufolge wird auch das Problem bestehen bleiben, dass ein Jeder nur sieht, was er sehen will. Eben diese Tatsache steht der Lösung des Grundproblems der Menschheit gehörig im Weg. Schicksal? Ist der Sündenfall des Menschen tatsächlich bis zum Ende aller Tage dafür verantwortlich, dass wir uns gegenseitig buchstäblich in blutige Fetzen schießen? Auf diese Frage wird es nie eine befriedigende Antwort geben.

Weil es eben unser Schicksal zu sein scheint, dass wir nur das sehen, was wir sehen wollen und diese Barriere nie auf Dauer zu überwinden imstande sind!

Die Scheuklappen sind offensichtlich essentiell. Sind aber die Probleme der Menschheit ebenso essentiell oder nur ein Resultat? War der Mensch vielleicht ein Fehler, ist das Sein einfach nur zur falschen Zeit am falschen Ort geworden? Große Fragen ohne die winzigste Antwort. Nichts geschieht durch Zufall.

Sucht und Gesellschaft

Wer von einer Abhängigkeit betroffen ist, muss zugleich eine starke Einschränkung der Lebensqualität in Kauf nehmen. Und das gänzlich unabhängig von den schädlichen Auswirkungen der konsumierten Substanz. Dies gilt selbstverständlich auch für die stoffungebundenen Abhängigkeiten.

Wenn ich bereits so weit bin, dass ich weiß, dass ich mir selbst sowohl in gesundheitlicher als auch finanzieller Hinsicht schade, mein Leben sich nur noch um den doofen Stoff dreht, ich am liebsten für immer aus dieser Situation ausbrechen würde,

dazu jedoch nicht in der Lage bin, weil ich schlicht und ergreifend abhängig geworden bin, hänge ich in einem Teufelskreis fest, aus dem es für mich ohne Hilfe von außen kein Entrinnen gibt.

Bäh! Mag nicht mehr! Um gleich Nägel mit Köpfen zu machen: in meinem Leben war ich schon mehr als einmal in genau dieser Situation. „Bist doch selbst schuld!

Alles, was du getan hast, tatest du aus freien Stücken. Was soll also das Gejammer?" Worte dieser Art hat sicher jeder Betroffene schon einmal zu hören bekommen.

Natürlich nur von Personen, dessen Erfahrungsschatz nicht über ein paar Krimiserien und (meistens) mehr schlechte als rechte Filme zu diesem Thema hinausreicht und dessen Bild von der Realität in erster Linien von Medien und Boulevardpresse bestimmt wird.

Um es gleich zu Beginn deutlich zu sagen:

ich habe es nicht nötig, zu jammern! Zugleich halte ich es jedoch für meine Pflicht, die Unwissenden aufzuklären.

Wenn man ein Gefühl als angenehm empfindet, ist die Wahrscheinlichkeit hoch, dass man eben dieses Gefühl gern erneut erleben würde. Wenn also eine Substanz bei jemandem ein angenehmes Gefühl hervorruft, ist demzufolge gleichfalls die Wahrscheinlichkeit hoch, dass man sich eben diese Substanz zum wiederholten Male zuführt, um eben dieses angenehme Gefühl erneut erleben zu dürfen.

Wenn wir ein angenehmes Gefühl erleben, geht es uns besser, schließlich handelt es sich um ein angenehmes Gefühl, nicht etwa um ein unangenehmes Gefühl. Uns geht es also besser. Mag sein, dass es uns zuvor schon recht gut ging, aber nach Einnahme der Substanz geht es uns eben NOCH besser, nicht zu sagen, einfach fantastisch!

Die Sache wird nur dann zu einem Problem, wenn es uns vor der Einnahme in irgendeiner Weise eben NICHT gut geht. Uns geht es also schlecht, nicht zu sagen, absolut beschissen! Wir nehmen unser Mittelchen ein…

Und, Schwups… Geht es uns wieder blendend. Und das genauso lange, wie der Stoff wirkt. Lässt das angenehme Gefühl jedoch nach, geht es uns wieder hundsmiserabel. Dies möchten wir natürlich rasch bereinigen.

Was tun wir also? Richtig, wir knallen uns unseren Stoff einfach nochmal rein, um unseren Zustand wieder zu bessern. Da es aber keine einzige Droge auf der Welt gibt, welche nicht irgendwann aufhört zu wirken, stehen wir recht bald vor einem Problem.

Gründe für solch einen fiesen Teufelskreis gibt es nicht wenige. Vor allem psychischen Probleme, wie etwa Depressionen oder Angstzustände, sind wahre Meister darin, eine Sucht am Leben zu erhalten.

Wie oft haben wir Suchtis schon gesagt, es sei das letzte Mal, am heutigen Tage wird sich ein für allemal vom aller kostbarsten verabschiedet, nur um einen Tag später erneut mit diesem löblichen Vorsatz zu brechen? Die Antwort ist simpel: so gut wie täglich! Jedes Mal, wenn wir uns mitten im tiefsten Rausch befanden. Wenn wir high sind, plagen uns weniger Sorgen, als im gewöhnlichen Bewusstseinszustand, wir sind guter Dinge, blicken auf die Probleme der Welt mit realitätsfernem Optimismus.

Also fällt es uns auch wesentlich leichter, den endgültigen Schlussstrich in Erwägung zu ziehen, ja umsetzen zu wollen. Aber wie sieht die Welt aus, wenn wir wieder nüchtern sind?

Schon bald nehmen die alten Sorgen und Ängste wieder überhand. Frustration, Melancholie, Unlust, keinerlei Motivation, uns aufzuraffen und das Tagesgeschehen sinnvoll zu gestalten. Wie eine große Erlösung scheint da der Rausch.

Also wird dieser prompt wieder herbeigeführt. War nicht vor Kurzem noch die Rede, von wegen nie wieder? Im total breiten Zustand die Entscheidung zu treffen, die psychische Krücke fortzuwerfen, bringt rein gar nichts.

Ich habe nicht gezählt, wie oft sich dieses Erlebnis wiederholt hat, wenn ich dies getan hätte, das Ergebnis wäre vermutlich schockierend.

Der von einer derartigen Abhängigkeit Betroffene, ist aufgrund solcher Vorfälle in der Regel mit seinem Leben alles andere als zufrieden. Wer würde sich aufgrund dieser Tatsache verwundert zeigen? Wie soll man glücklich werden, wenn man die ganze Zeit über gegen die eigene Überzeugung handelt?

Doch bleibt uns nichts anderes übrig, sofern uns niemand, sowohl im mentalen als auch im somatischen Bereich, fachlich kompetente Hilfe anbietet, um in irgendeiner Art und Weise mit unserer Krankheit angemessen umzugehen.

Genau das ist Sucht nun einmal: eine ernstzunehmende Krankheit. Wenn auch ein nicht unerheblicher Teil der Gesellschaft die Auffassung vertritt, wir hätten uns diese Situation aus freien Stücken eingebrockt, da wir schließlich wieder und wieder unseren Stoff konsumieren, mehrmalige Rückfälle Teil der bitteren Realität sind, wir also dem Gesundheitssystem unnötig zur Last fallen.

Unnötig? Wir sind ernsthaft erkrankt! Wenn wir also dem Gesundheitssystem unnötig zur Last fallen, wie sieht es dann mit dem Rest der in irgendeiner Weise erkrankten Bevölkerung aus, der sich natürlich ebenso der Behandlung seines Leidens sicher sein kann, auf Kosten der Allgemeinheit?

Warum sollten Krebspatienten, Unfallopfer oder auch Menschen, denen aus bekannten oder unbekannten Gründen rapide die Gliedmaßen ausgehen, eher ein Recht auf eine Behandlung haben als wir Junkies?

Glücklicherweise haben sie das nicht, jedenfalls nicht in der unsrigen Gegenwart. Heute wimmelt es von Selbsthilfegruppen, ambulanten Suchteinrichtungen, wie auch stationären Angeboten, etwa in Form einer kompetent geführten Langzeittherapie.

Trotzdem müssen wir uns auch heute noch von einem Großteil der Allgemeinheit, hier sind es vor allem Individuen, die ein konservatives Weltbild vertreten, den Vorwurf anhören, wir würden mit unserem Suchtverhalten der Allgemeinheit zur Last fallen.

Derartige Aussagen sind jedoch nichts weiter als unqualifiziertes Gewäsch, welches von Menschen stammt, die das Problem selbst nicht kennen, geschweige denn, davon betroffen sind. Ja, wir Junkies sind krank!

Und, ebenfalls Ja, wir fallen mit unserer Erkrankung der Allgemeinheit nicht weniger (oder mehr) zur Last, als es andere Kassenpatienten mit ihren Wehwehchen tun. Das Letzte, was wir nötig haben, ist es, uns für unsere Krankheit zu rechtfertigen!

Auch wenn die Konservativen das natürlich unter gar keinen Umständen hören wollen: Die Drogenpolitik hierzulande (und anderswo) hat kläglich versagt! Auf der einen Seite haben wir den gesellschaftlich tolerierten Alkohol,

der in Sachen Schädlichkeit auf jeder erdenklichen Rangliste ziemlich weit oben steht. Auf der anderen Seite stehen Substanzen wie Cannabis, die gleichwohl nicht unschädlich sind,

nichtsdestotrotz jedoch dem Alkohol, was zumindest die Folgen für die physische Gesundheit betrifft, nicht das Wasser reichen können.

Letztere jedoch werden vom Gesetz auf ziemlich energische Art und Weise bekämpft, wie auch kriminalisiert, was ihre Konsumenten als auch Händler automatisch zum Verbrecher stempelt.

Mit einer derart restriktiven Politik ist jedoch niemandem geholfen, den Konsumenten am Allerwenigsten! Gesetzliche Verbote haben noch nie einen Süchtigen davon abgehalten, seine Sucht weiterhin zu befriedigen.

Mir ist unverständlich, was die Politik sich davon verspricht. Die öffentlichen Krankenversicherungen zu entlasten, da aufgrund des Verbotes ein Konsum wirksam verhindert wird (was jedoch definitiv nicht der Fall ist)?

Hier wird schon allein die Tatsache übersehen, dass die staatliche Drogenbekämpfung ebenfalls Unmengen an Kosten verursacht, was einem Schildbürgerstreich gleichkommt.

Was nützt es, wenn man eine Entlastung der Krankenkassen anstrebt und man den dadurch entstehenden Gewinn dafür an anderer Stelle wieder verprasst, mal ganz davon abgesehen, dass unsere Gesetzgebung das Problem nicht behebt?

Die Kosten, die für die Bekämpfung der Rauschmittel und deren Konsum anfallen, könnte man stattdessen in deutlich effektivere Präventivmaßnahmen stecken, genau wie man Hilfsangebote zur Bekämpfung der Abhängigkeit für die Betroffenen stetig verbessern könnte.

Doch dies ist den meisten Konservativen nicht zu vermitteln, sind wir Süchtigen doch mit Nichten ernsthaft kranke Menschen, sondern gefährliche Kriminelle, die hinter Schloss und Riegel gehören und es dann auch noch allen Ernstes wagen,

Kosten für die Allgemeinheit durch Inanspruchnahme des Gesundheitssystems zu verursachen. Ach, die bösen Junkies! Während man Schnapsbrenner oder auch angehörige des Gaststättengewerbes selbstverständlich nicht dafür bestraft,

dass sie eine der weltweit zerstörerischsten Drogen unter die Leute bringen! Wer redet heutzutage noch von einer effektiven Drogenpolitik, die vor allem diejenigen, die von der Sucht betroffen sind, bei der Genesung hilfreich unterstützt?

Vermutlich möchte nun der ein oder andere wissen, welche Substanz hauptsächlich zu meinem Problem geworden ist. Ich kann Ihnen diese Frage jedoch nicht in einer zufriedenstellenden Art und Weise beantworten. Ich habe Erfahrungen mit Cannabis, Amphetamin, Kokain, Benzodiazepinen,
Heroin, MDMA, LSD, kurz gesagt: mit so ziemlich jeder Kategorie. Wenn ich allerdings sage, welche der genannten Substanzen bei mir am höchsten im Kurs stand, mich am stärksten abhängig gemacht hat, hieße das zugleich, meine Lieblingsdroge preiszugeben.
Genau dies tue ich an dieser Stelle jedoch keineswegs. Wir alle wissen schließlich, das Drogen, egal welcher Art, schlecht für uns sind. Und da ich seit Jahren schon meine Sucht hinter mir gelassen habe (zumindest hoffe ich das), gibt es im Zusammenhang mit meiner Wenigkeit auch keine Lieblingsdroge. Vergangenes ist vergangen. Was gewesen ist, das ist nicht mehr. Und wird, wovon ich jedenfalls ausgehe, nie mehr sein.
Ich mache kein Geheimnis daraus, dass ich diejenigen, die in ihrem Leben keine Drogenerfahrungen gemacht habe, darum beneide.
Wenn ich nicht wüsste, wie wunderschön es ist, des Lebens Last für eine kurze Zeit lang nicht mehr zu spüren, wäre das Problem nicht vorhanden. Da ich dieses Wissen aber nun einmal besitze, birgt jegliche belastende Situation die Gefahr, den Teufelskreis erneut wieder in Gang zu setzen.
Es gibt Dinge im Leben, die lernt man besser nicht kennen. Jeder ist selbst für das verantwortlich, was er tut. So muss auch ich die Konsequenzen meines Handelns tragen. Manchmal wünschte ich mir, ich könnte einfach die Zeit zurückdrehen, oder mit meinem

Leben nochmal ganz von Vorne beginnen. Doch dies liegt nicht in unserer Macht.

Ich – Der Volksverräter

I

Schwäche zu offenbaren, zählt ganz ohne Zweifel zu den größten Stärken. Denn wer stark ist, der ist auch zugleich schwach. Doch sind die wenigsten von uns in Besitz dieses Wissens.

Wer sich als stark wähnt, der fühlt sich mächtig. Und wer sich mächtig fühlt, ist überzeugt davon, ganz oben zu stehen, während der Rest sich seinem Willen unterzuordnen hat.

Während ich diese Zeilen schreibe, hält COVID-19 die Welt in Atem, tobt in Syrien fast ein ganzes Jahrzehnt lang der Bürgerkrieg,

während eine freundliche alternde Japanerin noch immer um ihren weißen musikalischen Ehemann trauert, welcher sicher zu Lebzeiten den Friedensnobelpreis verdient gehabt hätte, wäre er nicht vor fast vierzig Jahren in New York von einem jungen Psychotiker erschossen worden.

Trotz dieser zahlreichen betrüblichen Geschehnisse, die sich wie ein roter Faden durch die Weltgeschichte ziehen, haben die Menschen den Umgang mit ihrer Macht noch immer nicht gelernt.

So ziemlich jeder, der sich als stark und mächtig wähnt, setzt seine Stärke und Macht zu bösen Zwecken ein. Die wenigen Ausnahmen verstummen zumeist und wenden sich mit traurigem Blick ab.

Finstere Absichten sind die Regel. Dies trifft insbesondere auf diejenigen zu, welche die Fäden in der Hand halten und über die Geschicke ihrer Völker und Länder bestimmen. Wer unter solchen Verhältnissen wie ein Rebell handelt, sich gegen das vorherrschende Regime richtet, wird als Volksverräter an die Wand gestellt, gefoltert, ermordet oder Schlimmeres. Wir Deutschen können unendlich dankbar sein für unsere parlamentarische Demokratie.

Denn diese ist definitiv keine Selbstverständlichkeit, weder vor langer Zeit noch in unseren heutigen Tagen.

Sowohl die Herrscher im Nahen Osten, als auch in den Vereinigten Staaten sowie die Machthaber in so manchem kommunistisch geführten Land, wischen sich mit Menschenrechten unter schallendem Gelächter den Arsch ab.

II

Sehr wohl bin ich mir der Tatsache bewusst, unter meines Gleichen nicht gern gesehen zu sein. Unerwünscht, ausgestoßen, gehasst... Das braune Volk in diesen Landen.

In großer Zahl vorhanden in diesen Tagen, hasserfüllt, beschränkt, dumm und auf eine ganz und gar Brechreiz erregende Weise egozentriert.

Der wütende Mob in diesen Landen. Die ganz Dummen und Ungebildeten, dessen Verständnis vom Zeitgeschehen nicht über plumpes Stammtischgewäsch hinausreicht, von denen jedoch ein Jeder überzeugt ist, die ultimative Lösung parat zu haben, in Form von lautstarkem Gebrüll, welches jegliche politische Kompetenz vermissen lässt. In noch weitaus größerer Zahl vorhanden als das braune Volk.

In Wahrheit sind diejenigen, die im politischen Spektrum auf der äußersten rechten Seite stehen, in der Minderheit und werden dies wohl auch bleiben. Auch, wenn der erste Blick möglicherweise etwas Anderes suggeriert.

Doch ist jegliches politisches Geschehen weit mehr als nur einen „ersten Blick" wert. Genau dies sieht das Stammtischvolk natürlich nicht, denn Meinung und Bildung werden ja munter aus der Boulevardpresse bezogen, dessen reißerische Berichte nicht ohne Grund so verfasst sind, dass sie auch der dümmste deutsche Wutbürger versteht.

Dann ist da noch der linke Rest, zu dem auch ich gehöre. Ausgestoßen und vom dummen braunen Stammtischvolk, dem zornigen Pöbel, als Volksverräter beschimpft.

Wer in dieser Gegenwart noch sozialistisch denkt oder eine pazifistische Grundeinstellung besitzt, wird in weiten Teilen belächelt und nicht für voll genommen, gar gehasst.

Wobei aber auch der „linke Mob", um diese abgegriffene Bezeichnung einfach mal erneut zu verwenden, genauso viel Schaden anzurichten vermag, wie der rechte Pöbel und das braune Stammtischvolk. Aktivismus ist meines Erachtens nie verkehrt. Wegschauen hingegen schon. Aber man muss dabei auch vernünftig bleiben.

Mit Gewaltbereitschaft wird lediglich erreicht, dass die Fronten noch weiter verhärten. Doch damit wird nichts in eine auch nur ansatzweise für den Einzelnen hinnehmbare Richtung gelenkt.

Was bringt es denn, wenn die Wütenden auf der rechten als auch auf der linken Seite sich gegenseitig mit Steinen bewerfen? Eine Änderung politischer Verhältnisse? Das zu glauben trieft ja förmlich vor Naivität!

III

Die Starken und Leistungsfähigen sind es, die das Sagen haben. Doch wer Menschen nach Charakteristiken wie Fertigkeiten, Aussehen, sexueller Gesinnung, Konfession oder gar ethnischer Herkunft bewertet, ist in Wahrheit ein ganz außerordentlich schwaches Individuum ohne Eier. Das braune Volk kann demzufolge auch von meiner Wenigkeit mit bestem Gewissen als das Volk ohne Eier bezeichnet werden. Wo ist er nur geblieben, der ach so männliche Stolz, der die dumme deutsche Volksfront auszeichnet? Ich werde es euch verraten.

Ihr kommt nie drauf, unwürdiges braunes Dummvolk ohne Eier. Er existiert nicht. Ihr seht etwas, das nicht da ist. Das ist die simple Antwort. Ihr habt ihn euch selbst geschaffen, seid stolz auf etwas, das ihr nie haben werdet. Nichts weiter als eine Illusion. Das ist alles. Ihr haltet euch für gerecht, doch ihr seid es nicht.

Ihr haltet euch für gut, doch ihr seid es nicht. Ihr haltet euch für stark, doch ihr seid es nicht. Ihr haltet euch für klug, doch ihr seid es nicht. Ihr haltet euch für schön, doch ihr seid es nicht. Ihr haltet euch für makellos, unfehlbar, doch ihr seid es nicht. Ihr haltet euch für die hochwertigste aller menschlichen Rassen, doch...

Soll ich mal ganz laut lachen? Die Welt kann ganz gut ohne Menschen wie euch auskommen. Nicht nur das, die Welt wäre ein besserer, bunterer und auch weitaus schönerer Ort, gäbe es Menschen wie euch nicht.

Viele von euch, die den braunen Dämonen anheimgefallen sind, bemerken diese Tatsache nicht einmal. So wird unsere schöne deutsche Luft mehr und mehr vom Gestank des braunen Volkes verpestet.

Nur wenige machen sich die Mühe, das Geschehen von allen Blickwinkeln zu betrachten. Ein Jeder sieht nur sich selbst und die Zugehörigkeit zu dem was er selbst ist.

Der Arier, allgegenwärtig, sich selbst weit über den grünen Klee hinaus lobend, keinen Platz lassend für anders geartete, bewertend, kategorisierend, ablehnend.

Doch unabhängig von der Tatsache, ein waschechter reinrassiger Weißer zu sein, erlaube ich es mir nicht nur selbst zu denken, sondern auch kritisch zu hinterfragen.

Soll das braune Volk mich doch als Volksverräter beschimpfen und meine Schriften unter dem Zeichen des eisernen Kreuzes im Namen ihres durch feigen Suizid über die Emscher gesprungenen Führers verbrennen. Was kümmert es mich?

Ihr braunes Volk glaubt schließlich ohne den kleinsten Zweifel an eure ausgrenzende Ideologie, demzufolge auch an die Richtigkeit eures Handelns.

Zwecklos, da noch irgendetwas versuchen zu bewegen. Die Bezeichnung „braunes Dummvolk ohne Eier" tragt ihr schließlich ganz zu Recht. Man denke nur an die Demonstrationen und Aufmärsche gegen die notwendigen Restriktionen zur Eindämmung von COVID-19.

Nicht nur dumm, sondern auch ohne jede Rücksicht. Nicht nur, dass ein weiterer Lockdown für die ohnehin schon durch die Maßnahmen gegen die Pandemie geschwächte Wirtschaft möglicherweise der Todesstoß wäre. Nein, zusätzlich dazu werden weitere Infektionen durch bewusstes Übertreten der Regeln, ohne Wenn und Aber in Kauf genommen.

Wer jedoch die Maßnahmen der Regierung gegen die Ausbreitung des bedrohlichen Virus befürwortet, wird vermutlich ebenfalls von der dummen Meute als Volksverräter bezeichnet.

Diejenigen, die hinter „Merkels Regime" stehen... Volksverräter! Diejenigen, die es doch tatsächlich wagen, gegen die Unterdrückung von Minderheiten auf die Straße zu gehen... Volksverräter! Diejenigen, welche die Freiheit des Einzelnen, Demokratie und Menschenrechte gewahrt wissen möchten... Volksverräter, Volksverräter und nochmals Volksverräter!

Nein, meine verehrten Leser und Leserinnen, ich übertreibe ganz und gar nicht! Im Verlauf der Bundestagswahl 2017 sind Gauland, Meuthen und ihre Schergen nicht nur in den Bundestag eingezogen, sondern haben gar ein zweistelliges Wahlergebnis erzielt.

Auch wenn die aktuelle Pandemie die Wahlerfolge der AfD möglicherweise etwas schmälert, so sollte uns dies doch eine deutliche Warnung sein!

Sogar die Staatsgewalten werden zum Teil schon vom braunen Volk unterwandert, insbesondere die Exekutive. Negative Erfahrungen mit Migranten im beruflichen Alltag begünstigen diesen Trend.

Die jüngsten Vorkommnisse bei der Polizei in Essen wie auch in Bielefeld, bei dem rechtsextreme Aktivitäten in Chatgruppen der Öffentlichkeit bekannt wurden, lassen tief blicken.

Linke Kommunalpolitiker, Flüchtlingshelfer, möglicherweise auch Autoren und Redner, die sich für ein friedliches Miteinander einsetzen, werden immer häufiger bedroht, möglicherweise auch tätlichen Angriffen ausgesetzt.

Und doch sage ich, was ich zu sagen habe. Schreibe, was ich zu schreiben habe. In die Seiten dieses Buches.

Ein Wort nach dem anderen. Noch ist die Hoffnung da. Nicht gänzlich gezählt sind die Tage, in denen die Herzen der Menschen fröhlich und voller guter Taten sind. Was das Stammtischvolk jedoch vom lupenreinen Faschisten unterscheidet, ist das pure Nichtwissen. Mehr und mehr Menschen in diesem Lande sind im allerhöchsten Maße frustriert.

Und da es hier bei uns schlicht und ergreifend keine zur Zufriedenheit aller funktionierende Asylpolitik gibt und Hass, Neid, Missgunst und Gewaltbereitschaft nach wie vor zu den grundlegenden Problemen der menschlichen Rasse gehören, steigt logischerweise auch die Kriminalitätsrate weiter und weiter an. Doch sind es nicht die Asylanten, welche die Schuld an dieser Misere tragen.

Schließlich handelt es sich um ein menschliches Grundproblem. Natürlich stoße ich mit solchen Aussagen beim dummen Stammtischvolk größtenteils auf taube Ohren.

Denn dort haben sich die Parteien am rechten Rand bereits Gehör verschafft. Aber, wie bereits erwähnt, ein klitzekleines bisschen Hoffnung… Na ja… Denken wir doch einfach mal logisch.

Wenn man sämtliche Migranten mit gesunder Einstellung, von denen es mehr gibt, als es in diesen Tagen den Anschein hat, aus allen Kriminalitätsstatistiken rauslässt, hat es den Anschein, dass die Statistiken bei zunehmenden Problemen rund um das Thema Asyl deutlich in die Höhe schnellen. Hat jemand den kleinen Logikfehler bemerkt?

Vom Stammtischvolk vermutlich niemand, sei es aus mangelnder Bildung oder eben weil man nur sieht, was man sehen will. (Doch noch ist nichts verloren). Das braune Volk sieht hier natürlich keinen Logikfehler, ansonsten wäre dies wohl auch ein Selbstwiderspruch. Der Rest…

Nein? Auch nicht?! Schade… Ganz einfach: wieso sollten Menschen, die nirgendwo mit dem Gesetz in Konflikt geraten sind, plötzlich in irgendeiner Kriminalitätsstatistik auftauchen?

Mal ganz zu schweigen darüber, dass niemand auch nur ein Wort über das kriminelle Verhalten der eigenen Landsleute verliert. Schon allein deshalb die harte Wortwahl von meiner Wenigkeit.

Es ist nun einmal ein unumstößlicher Fakt, dass unsere parlamentarische Demokratie in großer Gefahr schwebt, wenn immer mehr Menschen sich entweder dem Stammtischvolk anschließen, was in den meisten Fällen aus purem Unwissen geschieht, oder sich direkt von den verblendenden Worten rassistisch denkender Egozentriker einlullen lassen. Forderungen nach mehr „direkter Demokratie" und Volksentscheiden sind kaum zu überhören und zugleich eine große Gefahr für Freiheit und Menschenrechte.

Genau dies ist mit höchster Wahrscheinlichkeit das Ziel sämtlicher extremistisch ausgerichteten Splitterparteien. Von den Parteien und Organisationen am rechten Rand, sei es jetzt die *NPD, DIE RECHTE, Der III. Weg*, die *Alternative für Deutschland*, die sogenannte *Identitäre Bewegung* oder gar die sich revolutionär schimpfenden Reichsbürger,

schert sich niemand darum, Freiheit und Menschenrechte zu wahren, ganz im Gegenteil, Anhänger der sogenannten „Altparteien" bekommen ebenfalls den Stempel „Volksverräter" aufgedrückt. Also wäre beispielsweise für die ganze blinde braune Horde ein Immanuel Kant, der ja immerhin ein ganzes Volk, ja ganze Völker, in ihrem Denken aufgeklärt und damit beeinflusst hat, der Urvater des Volksverrates. Kant hat deutlich offengelegt, dass das Machtstreben des Menschen für den Einzelnen, ausgenommen natürlich der Mächtigen, eine schädliche Wirkung hat.

Natürlich lag er damit goldrichtig. Gegner einer autoritären Diktatur, Befürworter der freiheitlich-demokratischen Grundordnung, gelten zumindest für reinrassige Nationalsozialisten, möglicherweise bereits für das Stammtischvolk ohne jede Bildung, als waschechte Volksverräter. Ja, ich bin ein Volksverräter! Und ich bin mächtig stolz drauf!

Der Pöbel

I

Wohl ein Jeder strebt danach, bei seinen Artgenossen einen positiven Eindruck zu hinterlassen. Umso mehr andere Menschen einem selbst wohlgesonnen sind, umso glücklicher und zufriedener das Individuum. Der Mensch ist ein Herdentier.

Eine Herde gut aufgelegter Menschen ist... Stopp! Wir alle wissen, was eine Herde gut aufgelegter Menschen ist, nicht wahr?

Eine Herde wütender Menschen, gemeinhin als Pöbel bezeichnet, ist... Im allerhöchsten Maße gefährlich! Der wütende Pöbel kommt unter anderem deshalb zustande, weil jeder Einzelne

vor seinen Mitmenschen in einem möglichst vorteilhaften Licht erscheinen möchte. Oh schaut her, wie er oder sie sich für andere stark macht!

Viel Geld spenden, sich zum Wohle von Kindern einsetzen, für sozial Benachteiligte etwas tun... Mit solchen oder ähnlichen Taten ist das Image der Sauberfrau oder des Saubermannes bestens definiert, vorausgesetzt natürlich, alle Welt bekommt etwas davon mit. Die Liebe der Gesellschaft ist mir und auch dir gewiss, wenn ich so handele.

Demgegenüber stehen Taten, die das genaue Gegenteil bewirken. Gewalt oder auch sexuelle Handlungen an Kindern seien hier einfach mal an erster Stelle genannt. Auf einmal kommen sämtliche Befürworter von Todesstrafe, Selbstjustiz und allerlei grausamen Foltermethoden aus allen Ecken und Winkeln des Landes gekrochen.

Selbstdarstellung als auch die Sorge um den eigenen Nachwuchs spielen hier eine große Rolle. Ein Jeder möchte doch in einem möglichst positiven Licht erscheinen, um von den eigenen Schwächen abzulenken. So hat ganz selbstverständlich der Kinderschänder von Nebenan sowohl Tod als auch Folter verdient.

Ist er doch ein gefährlicher Triebtäter mit dem Hang sich an Schwächeren zu vergreifen!

Besorgte Eltern sehen ihre Kinder in Gefahr. Das ist auch soweit verständlich. Für so ziemlich jeden unter uns hat es oberste Priorität, die eigene Familie zu schützen.

Also hat jeder Einzelne, der eine Gefahr für uns und unsere Familie darstellt, grausame Folter oder den Tod verdient? Wie würde diese Welt aussehen, wenn jeder so denken würde?

Viele, aber bei Weitem nicht alle, Triebtäter sind zugleich auch waschechte Psychopathen. Narzisstische Persönlichkeiten, in jeder Hinsicht grausam, alles und jeden kontrollieren wollend.

Wenn nicht Psychopath, so definitiv auf schwerwiegende Weise mental erkrankt. Dazu das höchst statische Kategorisieren der (zumindest aus der eigenen gefilterten Sichtweise) psychisch gesunden Individuen.

Individuen, die psychisch derart gesund sind, dass sie jeden auf grausamste Weise Foltern oder gar abschlachten wollen, der ihrer Familie auch nur zu nahe kommt... Ist das nicht ziemlich krank?

II

Das Schlimme an der Sache: Allein der bloße Verdacht, sich sexuell zu Kindern hingezogen zu fühlen, macht bereits vogelfrei. Augenblicklich scheint Selbstjustiz gerechtfertigt, der Tod als Strafe eine ebenso gerechte Konsequenz.

Schlimmer noch, der „große Wohltäter" stellt sich bei einem Verdacht nur allzu häufig nicht einmal die Frage, ob eben dieser überhaupt gut begründet ist.

Schließlich hat er die Information von seinen Freunden bekommen, die ihrerseits ihr Wissen von anderen Freunden, oder dessen Nachbarn, erhalten haben. Ganz sicher hat Person XYZ sein Recht zum Leben verwirkt. Bemerkt denn niemand, wie paradox diese Denkweise ist?

Der große Wohltäter, den alle Welt so sehr liebt, welcher aber gleichwohl davon überzeugt ist, der Mensch habe das Recht, über Leben und Tod zu entscheiden, oder auch seinen Mitmenschen körperliche Gewalt anzutun, als Konsequenz einer (ihm selbst oder seinen Angehörigen betreffenden) unverzeihlichen Untat? Verblendet! Jawohl, genau das ist er!

Ein sogenannter „Wohltäter", der Selbstjustiz befürwortet, ist in Wahrheit keinen Deut besser, als der Täter, für welchen Leid oder auch Tod gefordert wird! Doch das sieht unser toller großer Wohltäter nicht, weil er nur sieht, was er sehen will und es wird von einem Großteil seiner Mitmenschen nicht wahrgenommen, weil auch diese nur sehen, was sie sehen wollen. Verblendet!

In derartiger Verblendung interessiert es dann auch herzlich wenig, dass Menschen, die ein derart scheußliches Verbrechen verübt haben, zugleich auch

Angehörige haben, die selbstverständlich darunter leiden.

Ich könnte jetzt also einer x-beliebigen, dem Pöbel zugehörigen Person die berechtigte Frage stellen: „Wenn dein Vater oder dein eigener Sohn ein Kind sexuell missbraucht hat, würdest du seine Hinrichtung befürworten?"

Ich zweifle nicht daran, dass die Zahl derjenigen, die diese Frage verneinen, recht hoch sein dürfte, genau wie ich gleichfalls nicht daran zweifle, dass die Zahl derjenigen, die nicht wissen, was sie auf diese Frage antworten sollen, nicht niedrig, auf jeden Fall aber nicht unbedeutend, sein dürfte.

Für so manches Mitglied des Pöbels erweitert sich der Kreis der Geächteten wohl auch auf die Angehörigen der Täter. Eine weitere Folge der Verblendung. Zugleich auch ein weiteres Armutszeugnis für den Pöbel, das noch durch Schuldzuweisungen und die Frage, was eigentlich beim Täter schiefgelaufen ist, erweitert wird.

III

Sexueller Missbrauch, sowohl von Kindern als auch von Erwachsenen, ist ein schwerwiegendes Verbrechen, dies steht vollkommen außer Frage.

Ebenso steht vollkommen außer Frage, dass ein Mensch, der ein schweres Verbrechen dieser Art begeht, in jedem Fall bestraft werden muss! Für Selbstjustiz jedoch darf es in unserer freiheitlich demokratischen Grundordnung keine Rechtfertigung geben!

Ein von blanken Emotionen getriebener Familienvater mag die Ansicht vertreten, ein Jeder der seiner Familie (oder ihm selbst) einen Schaden zufügt, habe eine Form von körperlicher Gewalt oder den Tod verdient, oder gar er selbst sei in solch unerfreulichen Fällen dazu autorisiert, das Recht selbst in die Hand zu nehmen.

Doch ist er dazu eben nicht autorisiert. Hassgefühle wecken im Einzelnen den Wunsch zur Gewalttat der Person gegenüber, welche die Hassgefühle auslöst. Menschen ticken unterschiedlich, was zur Folge hat, dass sich auch die den Hass auslösenden Faktoren voneinander unterscheiden.

Somit wäre Mord und Totschlag gesellschaftlich gerechtfertigt, wenn jemand dazu autorisiert wäre, aus Hass das Gesetz selbst in die Hand zu nehmen.

Doch ist Mord und Totschlag in keinerlei Weise gerechtfertigt, egal aus welchen Gründen dies geschieht! Dasselbe gilt auch für jegliche Form physischer Gewalt!

Ist nicht jedem emotionalen als auch „besorgtem Bürger" als auch jedem Einzelnen des anprangernden, mit dem Finger auf anderen zeigenden Pöbels vollkommen das Wissen über die Tatsache abhandengekommen, dass alle Individuen gleich sind? Wer sind wir, dass wir uns anmaßen, über andere zu richten?

Da wir jedoch alle gleich sind, muss es „Artgenossen" geben, die Recht sprechen. Unser Grundgesetz, wie wir es kennen, ist in der Hinsicht gar keine so üble Sache. Doch auch die Judikative besteht selbstverständlich nicht aus einem Kreis von Auserwählten, sie wahren lediglich mit recht schaffender Gesinnung das Grundgesetz.

Ebenso wichtig ist das Bildungsniveau dieser Menschen, sowohl im philosophischen als auch im politischen Bereich. Emotionen dürfen, wenn es um Rechtsprechung geht, keine Rolle spielen.

Für den Normalbürger, der sich nur allzu oft von Gefühlen leiten lässt, scheinen deren Handlungen oftmals unzulänglich und kalt. Es wird munter auf unsere Justiz geschimpft, wieso der eine Straftäter für Jahre hinter Schloss und Riegel landet, während für den Anderen vielleicht strafmildernde Umstände berücksichtigt werden.

Besitzen allerdings diejenigen, die dem zornigen Pöbel angehören, das notwendige Wissen, um zu entscheiden, an welcher Stelle mildernde Umstände gelten und an welcher dies nicht der Fall ist?

Nein, ganz sicher nicht!

Wer Selbstjustiz oder gar Todesstrafen befürwortet und sich nicht der Tatsache bewusst ist, dass unsere freiheitlich demokratische Grundordnung nur funktionieren kann, wenn Selbstjustiz als auch die Tötung eines anderen Menschen unter hoher Strafe stehen, hat dieses Wissen schon deshalb nicht, weil es ihm entweder an Bildung mangelt, er die parlamentarische Demokratie wie wir sie kennen ablehnt und/oder sich von Gefühlen wie Hass oder Neid leiten lässt.

Doch sind gleichzeitig diejenigen, die den Tod für Mörder, Vergewaltiger, Kinderschänder und sonstige Kapitalverbrecher fordern, diejenigen, die sich am lautesten über unsere „lasche Justiz" auslassen, zugleich auch diejenigen, die für sich selbst beanspruchen, Recht zu sprechen, was aber ihre Befugnisse weit übersteigt. Trotzdem möchte der Pöbel gerne in einer Demokratie leben.

Der Pöbel besitzt jedoch gleichwohl keinen blassen Schimmer, wovon genau er eigentlich redet, geschweige denn, dass man Kenntnisse über die Bedeutung von Demokratie und Grundgesetz besitzt.

„Direkte Demokratie" funktioniert nicht, wenn man die demokratische Grundordnung mit allen Freiheiten und Rechten des Einzelnen langfristig aufrechterhalten möchte!

Direkte Demokratie und Volksentscheide würden zugleich bedeuten, dem ungebildeten Stammtischvolk Entscheidungsgewalt in die Hände zu legen. Und genau dies darf unter gar keinen Umständen geschehen!

Doch hat in unserer freiheitlich demokratischen Grundordnung der Normalbürger nichts zu sagen. Zumindest nicht in direkter Weise. Der Normalbürger kann lediglich die entsprechenden Abgeordneten wählen, welche vom Parlament zur Verfügung gestellt werden.

Anders darf es nicht sein, anders funktioniert unsere Gesellschaft nicht! Das Rudelverhalten des Menschen ist sowohl Segen als auch Fluch. Denn nur zusammen können wir Menschen etwas bewirken. Wen interessiert schon die Meinung eines Einzelnen? Dennoch gibt es viele wundervolle Persönlichkeiten, die allein Großes bewirkt haben.

Martin Luther King. Nelson Mandela. John Lennon. Um einfach mal ein paar Wenige zu nennen. Aber, haben diese Menschen das Problem als Ganzes gelöst?

Habgier, Neid oder auch Machtgelüste beseitigt? Nein. Dieselben Probleme sind nach wie vor allgegenwärtig. Weil ein großer Teil der Menschheit sich von Emotionen lenken lässt. Deshalb ist Rudelverhalten mehr Fluch als Segen.

Hass lässt die Emotionen weiter steigen, treibt die Menschen, angeführt von den Halbwahrheiten der Boulevardpresse.

Diese Art von Rudelverhalten und kritikloser Meinungsmache zeichnet den Menschen seit je her aus. Man bezeichnet es gemeinhin als „Schwarmintelligenz". Wobei unter derartigen Verhältnissen das Wort Intelligenz wohl eher im sarkastischen Sinne zu verstehen ist. Kein Platz für Bildung. Erstrecht kein Platz für Pazifismus. Wen wundert es da, dass ein Donald Trump mit Leichtigkeit zum mächtigsten Mann auf Erden aufsteigt?

IV

Doch, noch ist nichts verloren. Noch kann die Menschheit gerettet werden. Verblendet sind die, welche überzeugt sind, Gutes zu tun in dem Sie Vergeltung fordern für diejenigen, welche geächtet sind! Doch in Wahrheit sind die Verblendeten keinen Deut besser als die Geächteten.

Wer die Taten seiner Mitmenschen bewertet und kategorisiert, versessen darauf, zielsicher mit Steinen und Exkrementen zu werfen, von Hass getrieben in der Gegen herum spuckend und sabbernd, ist genauso arm dran, hält jedoch das eigene Handeln für richtig, nicht wissend, dass es weder ein „Richtig" noch ein „Falsch" gibt.

Ich würde mich freuen, wenn ich wüsste, dass ich mit meinen Schriften den ein oder anderen Leser zum Nachdenken angeregt habe. Ich habe in diesem Leben schon viel verquirlte Kacke geschrieben, vieles davon natürlich unveröffentlicht.

Das, was ich veröffentlicht habe (bislang genau einen Roman, ein paar Kurzgeschichten und die Schriften in eben diesem Buch, welches sie jetzt gerade lesen), habe ich aus Überzeugung und aus Gründen der Selbstverwirklichung veröffentlicht.

Weil ich meine Stimme erheben wollte. Weil ich sagen wollte, was ich zu sagen habe. Es mag so geschehen, dass manches von dem, was ich sagte und niederschrieb, zu einem späten Zeitpunkt für mich in einem anderen Lichte erscheint, sich meine Sichtweise auf die Dinge ändert. Doch zum Zeitpunkt des Schreibens habe ich es genauso gesehen!

Romane, Kurzgeschichten, Gedichte und Essays sind vor allem Momentaufnahmen des Geistes. Dies gilt natürlich auch für die unveröffentlichten Schriften. Aber muss man als Autor der großen weiten Welt zu jedem beliebigen Zeitpunkt die eigene Sichtweise mitteilen? Eine Frage die jeder, Leser wie Autor gleichermaßen, für sich selbst beantworten muss.

Inhalt

Essays: